Gudrun Hennig

Kindern Geborgenheit geben

HERDER spektrum
Band 5108

Das Buch

Das Wichtigste, was Kinder für eine glückliche und gesunde Entwicklung benötigen, ist ein sicheres, kindgerechtes Umfeld, ist Verlässlichkeit und Geborgenheit. Wenn das gewährleistet ist, besorgen sie den Rest ihrer Entwicklung (fast) alleine. Was aber bedeutet das konkret? Wie können Eltern in den verschiedenen Entwicklungsphasen die nötigen Voraussetzungen dafür schaffen? Dies zeigt die Autorin, erfahrene Kinderärztin, Psychologin und selbst Mutter, in diesem Taschenbuch mit vielen praktischen Beispielen aus dem Kinderalltag. Wie bekommen Kinder schon von klein an ausreichend Rückhalt bei ihren vielfältigen Unternehmungen und unermüdlichen Erkundungen, damit sie sich ermutigt fühlen können, immer wieder neue Dinge zu tun und auszuprobieren, neue Erfahrungen zu sammeln und sich neue Fähigkeiten und Möglichkeiten zu erwerben? Und welche altersgemäßen Grenzen brauchen Kinder, aus denen für sie die Sicherheit erwächst, die sie für alle ihre Schritte ins Leben hinein brauchen? – Ein wichtiges Vademecum für alle Eltern.

Die Autorin

Dr. med. Gudrun Hennig, Ärztin, Kinderärztin, Psychotherapeutin, Lehrtherapeutin und Lehrsupervisorin der Internationalen und Europäischen Gesellschaft für Transaktionsanalyse, ehemalige Vorsitzende der Deutschen Gesellschaft für Transaktionsanalyse (DGTA). Bei Herder: *„Transaktionsanalyse. Lehrbuch für Therapie und Beratung"* (mit Georg Pelz).

Gudrun Hennig

Kindern Geborgenheit geben

Was Eltern tun können

Herder
Freiburg · Basel · Wien

Originalausgabe

Gedruckt auf umweltfreundlichem,
chlorfrei gebleichtem Papier

Satz: Rudolf Kempf, Emmendingen
Herstellung: fgb freiburger graphische betriebe 2001
Umschlaggestaltung und Konzeption:
R·M·E München / Roland Eschlbeck, Liana Tuchel
Umschlagmotiv: © photonica
ISBN 3-451-05108-7

Inhalt

Einleitung

Wozu ein Buch über Geborgenheit?

In meiner Arbeit als Kinderärztin und Psychotherapeutin mit Kindern, Jugendlichen und Erwachsenen erlebe ich immer wieder, dass Kindern Geborgenheit fehlt. Daraus entstehen Störungen wie Ängste, Unsicherheit, Unruhe und Konzentrationsmangel. Die Folge davon sind oft Probleme wie Unzufriedenheit der Eltern, Trotz bei den Kindern sowie ein Mangel an Beziehungsfähigkeit (sozialer Kompetenz).

In der Beschäftigung mit diesem Themenkreis war für mich eine Fülle von Autoren hilfreich, die sich schon früher mit Säuglingen und Kindern beschäftigt haben und heute beschäftigen. Mein zentraler theoretischer Hintergrund ist die Transaktionsanalyse. Für Kenner wird dies allenthalben deutlich, auch wenn ich die Fachsprache überwiegend vermeiden werde.

Ich habe bewusst davon abgesehen, wörtliche Zitate einzelner Autoren zu verwenden, da diese Zusammenstellung meine persönliche Sicht, die mir sowohl in meiner Arbeit als auch als Mutter im Umgang mit meinen eigenen Kindern wichtig geworden ist, zeigen soll.

Auch wenn dieses Buch Kindern gewidmet ist, möchte ich trotz des auf die Kinder gerichteten Fokus die Eltern nicht übersehen. Auch Eltern haben Bedürfnisse und Wünsche, die sie im Zusammenleben mit Kindern oft meinen zurückstellen zu müssen. Das geschieht meines Erachtens öfter als notwendig.

Dieses Buch hat die ganze Familie im Blick; es bietet Informationen über das, was Kinder in den verschiedenen Altersstufen brauchen, um sich geborgen zu fühlen. Es fragt aber auch, was Eltern brauchen, um ihrer Aufgabe als Eltern gerecht zu werden, ohne sich dabei zu verausgaben, und zwar so, dass sie Freude dabei haben.

Eltern und Kinder können nicht getrennt voneinander betrachtet werden; die Beziehung zwischen Eltern und Kindern hat auf die Entwicklung der Kindern so großen Einfluss, dass wir nicht allein entweder auf das Kind oder auf die Eltern schauen dürfen, sondern auch auf das, was zwischen ihnen stattfindet, zu achten haben.

Ich habe eine Reihe von Beispielen aus meiner Arbeit beschrieben, um das, was mir wichtig erscheint, deutlich zu machen. Die Beispiele, die ich darstelle, habe ich in der Regel vereinfacht, um bestimmte Aspekte hervorzuheben. Ich beschreibe immer wieder bestimmte Situationen sehr detailliert, um die Auslöser von Problemen deutlich zu machen, weil diese sich häufig in kleinen Aktionen verbergen. Meistens sind es nicht die großen Ereignisse, die zu Schwierigkeiten führen, sondern die kleinen ‚alltäglichen' Vorkommnisse, die uns oft gar nicht auffallen oder nicht bewusst werden.

An dieser Stelle danke ich allen Kindern und Erwachsenen ganz herzlich für die Erlaubnis, ihre Bilder und Geschichten hier abzudrucken!

Ziel dieses Buches ist es, Eltern und anderen Bezugspersonen Hinweise zu geben, wie sie ihren persönlichen Weg mit ihren Kindern finden können, der ein überwiegend angenehmes Zusammenleben möglich macht. Informationen stellen einen Teil der Grundlage dar, sie sprechen den Verstand an. Für Kinder aber ist die entscheidende Grundlage die Liebe zu ihnen.

Da sowohl Eltern als auch Kinder ganz unterschiedlich sind, kann das, was für den einen passt, für den anderen völlig unpassend sein. Verstehen Sie also das, was ich schreibe, als Angebot verschiedener Möglichkeiten, die Sie für sich ausprobieren können.

Bei allen Unterschieden gibt es aber in den grundlegenden Bedürfnissen von Eltern und Kindern und in der Entwicklung so viel Gemeinsames, dass auch allgemeingültige Aussagen möglich sind.

In unserer Gesellschaft spielt Leistung eine große Rolle: Betreiben Sie den Umgang mit Ihren Kindern trotzdem nicht wie Leistungssport, sondern bieten Sie ihnen Beständigkeit und – wenn möglich – Gelassenheit an. Das ist ein guter Boden zum Wachsen, denn er ermöglicht ganz besonders Gefühle von Geborgenheit.

Ich danke allen, die mich in der Arbeit an diesem Buch unterstützt haben, vor allem EWJ sowie A und LZ.

Welche körperlichen und seelischen Grundbedürfnisse sollen erfüllt sein?

Die Grundbedürfnisse sind für das Leben der Menschen erforderlich; sie gehören sowohl zum körperlichen als auch zum seelischen Bereich. Damit sich Kinder geborgen fühlen, ist es wichtig, nicht allein die körperlichen, sondern auch die seelischen Grundbedürfnisse zu erfüllen. Kinder, die satt sind und in den wichtigen Bereichen keinen Mangel leiden, können sich in Ruhe entwickeln. Satte Kinder brauchen für die Erfüllung ihrer Bedürfnisse nicht zu kämpfen, d.h. sie verbrauchen dafür keine Energie. Diese Energie steht ihnen damit für ihre Entwicklung zur Verfügung. Dies dient ihrer Selbständigkeit und damit der inneren Stabilität, z.B. auch der Fähigkeit, eigene Abwehrstrategien gegen Drogen zu entwickeln. Wenn bei Menschen Bedürfnisse unerfüllt bleiben, werden sie versuchen, irgendeinen Ersatz dafür zu finden. Diese Ersatzbedürfnisse und ihre Befriedigung führen aber nicht dazu, dass das eigentliche Bedürfnis befriedigt wird. Auch wenn vordergründig derjenige oder diejenige viel zu bekommen scheint, kann im Hintergrund ein unbewusster Hunger nach etwas anderem bestehen.

Zu den körperlichen Grundbedürfnissen gehören das Stillen von Hunger und Durst sowie die Erhaltung der Körpertemperatur.

Essen, Trinken und die Luft zum Atmen stehen am Anfang

Beim Thema ‚Essen' dreht es sich immer wieder um die Frage, *was* Kinder essen sollen; ebenso wichtig ist aber auch die Frage, *wie oft* und *wieviel* sie essen sollen.

Die einfachste und beste Ernährung für gesunde Neugeborene und Säuglinge ist immer noch die Muttermilch, auch wenn die modernen industriellen Milchzubereitungen ganz auf die kindlichen Bedürfnisse eingestellt sind.

Die Ernährung im ersten Lebensjahr hat zwei Aspekte zu berücksichtigen. Das Darmsystem ist noch nicht ausgereift. Die Kinder wachsen so schnell und nehmen so viel an Gewicht zu, wie nie wieder in ihrem Leben. Dafür muss die Ernährung eine geeignete Zusammensetzung mit genügend Fett und Eiweiß haben. In der zweiten Hälfte des ersten Lebensjahres kann dann die Ernährung an die der Erwachsenen angeglichen werden. Genaue Informationen dazu sind z. B. über Kinderärzte leicht erhältlich.

Die Ernährung dient nicht allein der Nahrungsaufnahme, sondern auch dem Kontakt. Denn beim Stillen eines Säuglings besteht ein intensiver Kontakt zwischen Mutter und Kind. Mütter, die nicht stillen können, haben häufig die Sorge, dass ihre Kinder dadurch Schaden nehmen. Ich denke, diese Sorge ist verständlich, aber heute nicht mehr nötig, da die industrielle Ernährung gut ist und auch das Füttern mit der Flasche einen intensiven Kontakt zwischen Mutter und Kind erlaubt, so dass m. E. die Frage nicht lautet: „Stillt eine Mutter oder stillt sie nicht?", sondern: „Wie hat eine Mutter Kontakt mit ihrem Kind?" Störungen des Mutter-Kind-Kontaktes können sowohl bei gestillten als auch bei mit der Flasche gefütterten Kindern auftreten.

Das Füttern eines Säuglings erfüllt mehrere Grundbedürfnisse gleichzeitig. Es wird der Hunger nach Nahrung gestillt, dem Kind wird Schutz und Halt gegeben, wenn die Mutter das Kind im Arm hält, und es erhält seelisch-geistige Anregung, wenn die Mutter dabei mit ihm spricht.

Ab dem Kleinkindalter ist – von speziellen Störungen abgesehen – eine Mischkost mit ausreichendem Eiweißangebot angemessen. Das Eiweiß ist für das Wachstum notwendig. Das Thema Ernährung hat in den letzten Jahren viel Beachtung gefunden, so dass Kinder viel bewusster ernährt werden als früher. Leider werden den Kindern manchmal sehr einseitige Ernährungsformen (die als besonders gesund gelten) angeboten, beispielsweise solche, die das Darmsystem belasten oder zu wenig Eiweiß enthalten. Dadurch können Mangelerscheinungen oder Verdauungsprobleme auftreten. Schwer aufschließbare Nahrungsmittel, zu denen z. B. Getreideschrot gehört, können eine Überforderung darstellen. Es ist wichtig, das Nahrungsangebot nicht nur einer bestimmten gewünschten Ernährungsform anzupassen, sondern auch den kindlichen Ernährungsbedürfnissen. Eine solche Sonderform ist die vegetarische Ernährung.

Für Eltern, die vegetarisch leben und ihre Kinder auch so ernähren wollen, ist es notwendig, sich zu informieren, welche in der Mischkost enthaltenen Substanzen sie zusätzlich zuführen müssen, damit die Kinder keinen Mangel an speziellen Stoffen leiden.

Für jeden von uns ist es wichtig, *Hunger* wahrzunehmen und nach dessen Befriedigung das Gefühl des *Satt-*

seins zu spüren. Wenn Kinder diese Erfahrung nicht machen, fällt es ihnen auch später schwer, dieses Sättigungsgefühl wahrzunehmen, was zu Problemen beim Essen und beim Gewicht führen kann.

Beispiel: Eine Mutter stillt ihren Säugling immer dann, wenn er wach ist, weil sie glaubt, dass er Hunger habe, und wenn sie sich in Ruhe unterhalten möchte.

In diesem Beispiel werden zwei Aspekte deutlich, die dazu führen, dass diese Mutter häufig nicht wartet, bis sich das Kind mit Hunger-Signalen meldet. Der eine ist die Annahme der Mutter, das Kind habe Hunger, wenn es wach ist. Dies trifft aber auch für Säuglinge nicht zu; auch Säuglinge haben Wachphasen, in denen sie einfach herumschauen oder spielen. Der zweite Aspekt ist der, dass manche Mütter ihre Kinder dann stillen, wenn sie sich in Ruhe unterhalten wollen. Es manchmal so zu machen, ist unproblematisch; wenn es aber zur Regel wird, das Stillen als Mittel zur Beruhigung einzusetzen oder wenn es der Beschäftigung des Kindes dient, verliert das Kind die Möglichkeit, ‚hungrig' und ‚satt' wahrzunehmen. Das Kind erlebt dann eine Art dauerhaftgleichförmigen ‚Völle-Zustand', außerdem wird es in seinen Beschäftigungsmöglichkeiten eingeschränkt, wenn das Saugen an der Brust als ‚Hauptbeschäftigung' dient.

Deshalb ist es wichtig, auf den kindlichen Rhythmus zu achten und Kindern dann Nahrung zu geben, wenn sie Hunger haben. Im ersten Lebensjahr wird der kindliche Rhythmus in der Regel respektiert und damit wichtig genommen. Von den größeren Kindern wird oft erwartet, dass sie sich den Familienmahlzeiten anpassen und nichts zwischendurch essen. Ich halte es für wichtig, auch bei älteren Kindern auf deren Rhythmus zu achten. Dies soll nicht bedeuten, dass in einer Familie jeder dann ißt, wenn er Hunger hat und es keine Familienmahlzeiten mehr gibt, sondern dass es möglich sein sollte, dass Kinder auch zwischendurch, wenn sie Hunger haben, etwas zu essen bekommen können.

An dieser Stelle eine kleine Bemerkung zum Thema *Naschen*: In vielen Familien führen die Diskussionen über Süßigkeiten und Naschen immer wieder zu Ärger. Der Appetit auf Süßigkeiten ist wie der Appetit auf andere Dinge völlig natürlich. Es ist wichtig, dass Eltern für sich selbst und das, was sie für ihre Kinder wollen, eine Lösung finden, die ihnen und den Kindern entspricht. Viele Eltern glauben, ihren Kindern keine süßen Dinge geben zu dürfen, da sie schädlich seien. Daher verbergen sie z. B. ihren eigenen Schokoladenkonsum vor ihren Kindern. Süßigkeiten in kleinen Mengen zu essen ist aber nicht schädlich, wenn anschließend die Zähne geputzt werden. Die meisten Kinder, die sich sowohl seelisch als auch in ihrer Ernährung in einem ausgewogenen Zustand befinden, regulieren ihren Konsum von Süßigkeiten selbst, sie spüren ihren Appetit auf Naschereien und auch ihr Sattsein.

Spätestens dann, wenn die Kinder in den Kindergarten gehen, ist es wichtig, dass sie im maßvollen Umgang mit Süßigkeiten Erfahrung haben, denn dort werden sie in der Regel mit dem exzessiven Konsum anderer Kinder konfrontiert.

Wenn Kinder über einen längeren Zeitraum übermäßig Süßes haben wollen oder ihr gesamtes Taschengeld in Süßigkeiten anlegen, kann es sinnvoll sein, zu überlegen, was der Hintergrund sein kann. Es kann sein, dass ein anderes Grundbedürfnis nicht erfüllt wird und das Naschen Ersatz dafür bieten soll.

Auch ausreichende Flüssigkeitszufuhr ist nötig; das ist heute selten ein Problem, da die meisten Eltern sehr darauf achten, dass die Kinder ausreichend trinken.

Durch Schwitzen regulieren Menschen ihre Körpertemperatur: sie kann durch die Verdunstungskälte reduziert werden. Daher ist es wichtig, dass Kinder, wenn sie Fieber haben, mehr als sonst trinken, denn das Fieber kann nur zurückgehen, wenn genügend Flüssigkeit zum Schwitzen vorhanden ist. (Fieberzäpfchen können nur wirken, wenn ausreichend Flüssigkeit gegeben wird.) Wenn kleine Kinder nicht genug zu trinken bekommen, kann die Körpertemperatur steigen, ohne dass eine Krankheit vorliegt.

Die Erhaltung der Körpertemperatur wird nicht allein durch Abkühlen erreicht; Kinder müssen der Außentemperatur entsprechend angezogen sein, um eine konstante Körpertemperatur zu gewährleisten. Viele Eltern befürchten, ihre Kinder zu warm oder zu leicht anzuziehen. Das ist leicht zu überprüfen an der Temperatur der Hände und/oder Füße und daran, ob man Kälte bzw. Schweiß am Körper fühlen kann.

Wie warm Sie die Kinder anziehen, hängt auch von der Raumtemperatur ab und davon, ob sich ein Kind viel bewegt. Je mehr Bewegung Kinder haben, desto weniger Kleidung brauchen sie. Bei körperlicher Anstrengung und wenn es heiß ist, brauchen Kinder die Möglichkeit zum Schwitzen, leichte Kleidung und ausreichende Mengen von Flüssigkeit.

Die Atmung gehört zu den lebensnotwendigen körperlichen Vorgängen, und sie geht auch mit einem Aufnehmen und Abgeben einher. In der Atmung drücken sich körperliche und seelische Vorgänge aus. Die Atmung ist beschleunigt bei körperlicher Anstrengung wie auch bei intensiven Gefühlen wie Angst.

Bei Säuglingen haben Eltern häufig die Sorge, dass das Kind aufhören könnte zu atmen, und sind beruhigt, wenn sie ein gleichmäßiges Atmen ihres Kindes hören. Auch im übertragenen Sinn ist die Luft zum Atmen wichtig und bedeutet dann Lebensraum und Freiheit.

Was Eltern tun können

Ich erlebe immer wieder, dass Eltern ihre Kinder nicht fragen, was sie wollen, sondern glauben, sie müssten wissen und spüren, was das Kind gerade braucht.

Beides ist eine Überforderung. Natürlich kennen Mütter oder Väter ihre Kinder in der Regel so gut, dass sie deren Wünsche oft wissen und merken. Andererseits fühlt ein Kind sich wahr- und ernst genommen in seinen Bedürfnissen, wenn die Mutter nachfragt. Die einfache Frage: „Hast Du Hunger?“ kann Quengeln oder Ärger zwischen Mutter und Kind ersparen. Das Kind kann dadurch auch Vertrauen zu eigenen Wahrnehmungen wie ‚hungrig‘ und ‚satt‘ oder ‚durstig‘ und ‚zufrieden‘ entwickeln.

Manche Eltern versuchen immer wieder, ihren Kindern das zu geben, worauf sie selbst Lust haben oder was sie selbst gerade brauchen.

> *Beispiel:* Ein Vater sagt zum Kind: „Zieh dir eine Jacke an!“, wenn er selbst friert. Eine Mutter bietet dem Kind drängend etwas zu essen an, weil sie selbst Hunger hat.

Eine einfache Frage wie „Frierst du?“ oder der Griff nach den Händen, um nachzufühlen, ob das Kind kalt ist, kann lange Diskussionen oder unangenehme Empfindungen vermeiden und auch verhindern, dass – im oben genannten Beispiel – letztendlich beide unzufrieden sind, wenn das Kind die Jacke anzieht und schwitzt und der Vater weiterhin friert.

Zuwendung und Anerkennung

Das Thema Anerkennung und Beachtung begleitet uns durch unser ganzes Leben. Für jeden Menschen ist es notwendig, beachtet zu werden und Resonanz zu bekommen. Ein Lächeln vom Gegenüber und ein Lächeln zurück, das angenommen wird, kann jemanden einen ganzen Tag lang positiv begleiten.

Der Austausch von positiven und negativen Signalen, der im Leben von zentraler Bedeutung ist, bestimmt bei Kindern maßgeblich die Einstellung, die sie über sich selbst entwickeln, z. B. den Selbstwert, das Selbstbewusstsein oder das Selbstbild.

Liebe ist für Kinder lebensnotwendig; wir drücken sie in Beachtung und Anerkennung aus. Wir wissen, dass Kinder, die zu wenig Liebe bekommen, häufiger krank werden und auch eher an Krankheiten sterben als Kinder, die genügend Zuwendung bekommen.

Als Erstes beschreibe ich die Formen der Beachtung, die wir jemand anderem geben können.

- Beachtung kann positiv sein; diese positive Beachtung kann einfach spontan und ohne irgendwelche Vorbedingungen gegeben werden.

Beispiel: Eine Mutter streichelt spontan ihr Kind oder lächelt es an oder sagt ihm liebevolle Worte mit angenehmer Stimme. Dies ist liebevolle Zuwendung ohne irgendeinen Zweck und ohne Begründung.

- Die zweite Form der positiven Beachtung ist die, die an Begründungen geknüpft ist.

Beispiel: Eine Mutter sagt: „Ich mag dich, wenn ..." oder „Ich finde es schön, wenn du deine Schuhe aufräumst" oder „Setz dich auf meinen Schoß, wenn du nicht weinst".

Diese beiden Arten der Anerkennung oder Beachtung sind wichtig im Leben von Menschen. Die positive Beachtung ohne Begründung bezieht sich auf das Kind als Person, die andere auf das, was das Kind macht. Beide Arten der Anerkennung sind notwendig.

Warum?

Kinder brauchen, um sich angenommen und sicher zu fühlen, die Bestätigung von außen, die Sicherheit, da sein zu dürfen mit all ihren Bedürfnissen und Wünschen (dies bedeutet nicht, dass all diese Wünsche auch erfüllt werden müssen). Die Anerkennung für das, was sie tun, brauchen Kinder, um zu Leistungen motiviert zu werden. Im heutigen Erziehungsstil werden Kinder häufig spontan als ‚toll' anerkannt; das ist erfreulich, nur finden ihre eigentlichen Leistungen oft zu wenig Beachtung. Dies führt unter anderem dazu, dass sie wenig dazu motiviert sind, etwas zu leisten.

Neben der positiven Beachtung gibt es auch negative, wieder sowohl solche, die ohne Begründung gegeben werden, als auch solche, die begründet werden.

> *Beispiel:* Eine Mutter gibt dem Kind eine Ohrfeige, oder sie schreit es plötzlich ohne einen erkennbaren Grund an.

- Dies ist bedingungslose negative Zuwendung.

> *Beispiel:* Ein Vater schimpft, wenn er nach Hause kommt, dass der Sohn wieder seine Schuhe nicht aufgeräumt hat.

- Dies ist negative Zuwendung, die begründet wird.

Wenn Menschen keine für ihr Wohlbefinden ausreichende positive Beachtung bekommen oder nur solche, die bei ihnen nicht ankommt, entwickeln sie einen Mangel an Anerkennung. Dann kämpfen sie darum, wenigstens negative Beachtung zu bekommen. Es klingt widersinnig, dass jemand um negative Beachtung kämpft. Aber offensichtlich ist es für einen Menschen leichter auszuhalten, negativ beachtet zu werden, als gar nicht gesehen zu werden. Es gibt unterschiedliche Gründe, weshalb jemand positive Anerkennung nicht ‚verwenden' kann. Menschen, die glauben, positive Anerkennung stehe ihnen nicht zu, werden trotz positiver Beachtung darben. Anerkennung sollte Kindern entsprechend ihrem Entwicklungsstand angeboten werden: wenn ein Kleinkind z. B. lange, komplizierte Formulierungen erhält, wird es diese nicht als Anerkennung wahrnehmen.

Also brauchen Kinder Beachtung und Anerkennung, die ihrer Entwicklungsstufe entspricht. Es gibt viele Eltern, die mit Anerkennung großzügig sind und es nicht verstehen können, wenn ihre Kinder trotzdem provokativ sind und sich damit immer wieder negative Beachtung verschaffen.

> *Beispiel:* Ein 7-jähriger Junge wirft, wenn er nach der Schule nach Hause kommt, seine Schultasche, seine Jacke und seine Straßenschuhe hinter der Eingangstür auf den Boden. Seine Mutter ärgert sich und ermahnt ihn immer wieder, seine Sachen aufzuräumen. Der Junge reagiert darauf unwillig und wirft seine Sachen noch heftiger herum. Beide leiden unter der Situation.

Dieses Beispiel zeigt, wie positive gegen negative Beachtung ausgetauscht wird. Häufig liegt es daran, dass Eltern den Kindern Anerkennung geben, die diese nicht verwerten können. In diesem Fall wurde durch Nachfragen deutlich, dass die Mutter dem Jungen viel Zuwendung gab, wie sie einem Kleinkind angemessen gewesen wäre, nämlich durch Vorlesen und Kuscheln. Der Junge lehnte dies ab, und dadurch kam es zu einem Mangel.

Es gibt Formen der Beachtung, die in den verschiedenen Entwicklungsstufen jeweils besonders passend sind. Im Folgenden beschreibe ich einige davon.

Im ersten Lebenshalbjahr brauchen Kinder die Freude

der Eltern darüber, dass sie ‚*dasind*'. Das kann sich z. B. in Lächeln, liebevollem Ansprechen – auch wenn Säuglinge noch keine Sprache verstehen – oder in liebevoller körperlicher Berührung ausdrücken.

In der darauf folgenden Zeit liegt der Schwerpunkt neben der bedingungslosen Zuwendung für das ‚Da-Sein' in der Beachtung für *eigenes Handeln*. Krabbelkinder, die eine neue Bewegungsmöglichkeit gelernt haben (z. B. sich das erste Mal umgedreht haben) sind selbst begeistert von ihrer neuen Fähigkeit; aber sie brauchen auch Bestätigung von außen, um motiviert zu sein, sich weiterhin anzustrengen, neue Dinge zu lernen und auszuprobieren.

Im Alter bis zu etwa drei Jahren ist ein weiterer Schwerpunkt die Beachtung des *Denkens;* hier brauchen die Kinder Bestätigung für ihre natürliche Neugier, Dinge verstehen zu wollen, Erklärungen und auch Antworten auf ihre Fragen, wie z. B. die Warum-Fragen.

In der nächsten Phase entwickeln die Kinder eine Vorstellung darüber, wer sie als Person sind, über ihre *Identität* und ihr Geschlecht, so dass nunmehr ein Schwerpunkt in der Beachtung ihrer eigenen Vorstellungen und Ideen sowie in ihrer Rolle als Junge oder als Mädchen liegt.

Im Alter zwischen sechs und zwölf Jahren ist die *Selbständigkeit* und der Kontakt zu den Freunden und Freundinnen wichtig. Die Kinder brauchen Anerkennung für selbständiges Handeln, Anerkennung dafür, dass sie Kontakte nach außen knüpfen und sich eigene Freunde suchen.

Diese altersbezogenen Schwerpunkte sollen nicht bedeuten, dass in den späteren Entwicklungsphasen die

Formen der Anerkennung, die in den früheren Phasen besonders wichtig waren, keine Rolle mehr spielen sollen; aber es ist wichtig, das Neue hinzuzunehmen. Die Zusammenstellung kann auch helfen festzustellen, welche Anerkennung vermutlich noch keine Wirkung haben wird.

Kinder sind abhängig von ihren Bezugspersonen; das macht deutlich, wie wichtig die Anerkennung und Beachtung durch diese ist. Weiterhin entwickeln schon Kinder Vorstellungen darüber, welche Anerkennung ihnen zusteht und welche sie nicht annehmen, ohne dass ihnen das bewusst ist.

> *Beispiel:* Ein Mädchen wird von der Oma für gute Schulnoten anerkannt, die Oma ist sehr zufrieden und sagt und zeigt es ihr. Das Mädchen antwortet darauf: „So gut war es doch gar nicht."

Mit einer solchen Äußerung mindert das Kind die Anerkennung und hat nicht den inneren Gewinn davon, den die Anerkennung bietet. Sie wird nicht die innere Zufriedenheit erleben, die Anerkennung bewirkt.

Bei der Anerkennung von Leistung ist es wichtig, dass diese realistisch ist, denn darüber lernen Kinder ihre Leistungen einzuschätzen. Hier kann es Schwierigkeiten geben, wenn z. B. Eltern einem Kind, das für einige Zeit Klavierunterricht erhalten hat, beim Vorspiel vermitteln, es sei schon ein großer Künstler.

Andere Eltern loben ihre Kinder erst dann, wenn diese herausragende Leistungen erbracht haben, was dazu führt, dass diese Kinder zu selten Anerkennung bekommen und glauben, sich dafür extrem anstrengen zu müssen. Es führt auch dazu, dass sie nur für extreme Leistungen Anerkennung erwarten und Anerkennung für alltägliche Dinge oft nicht annehmen können.

Wenn Kinder für Leistungen gelobt werden, die sie überfordern, lernen sie, dass sie für Überforderung anerkannt werden. Dies kann eine Einladung dazu sein, dies im weiteren Leben so fortzusetzen.

> *Beispiel:* Ein 6-jähriges Mädchen spielt ab und zu gerne mit ihrem 3-jährigen Bruder. Die Eltern loben es dafür, weil sie dadurch entlastet sind oder weil sie dann ungestört einen Mittagsschlaf halten können.

Es ist durchaus in Ordnung, wenn ältere Geschwister mit den jüngeren spielen. Hier möchte ich jedoch deutlich machen, wie wichtig es ist, nicht über Lob indirekt Kinder zu etwas zu bringen, was man selbst haben möchte. Wenn Eltern etwas wollen, ist es wichtig, Kinder direkt zu bitten, bestimmte Dinge zu tun (hier: mit dem jüngeren Bruder zu spielen), und auch Bedingungen auszuhandeln.

Allgemein ist zu sagen:

Ein Leben ohne Beachtung ist nicht möglich, wichtig ist, dass die positive Beachtung überwiegt.

Viele Eltern haben Sorgen, ihr Kind mit zu viel Anerkennung zu verwöhnen, oder glauben, dass Kinder davon möglicherweise eitel und überheblich werden. Bei der bedingungslosen Zuwendung gibt es kein Zuviel. Wir Menschen legen dann sozusagen ein ‚Sparkonto' an, auf dem wir sie sammeln für Zeiten, in denen es wenig Anerkennung gibt, und haben damit eine Art Rücklage. Das gilt auch bei der Zuwendung für Leistung. Wenn sie adäquat ist, kann auch sie auf das ‚Sparkonto' gelegt werden.

Menschen sammeln auch negative Beachtung. Ein Hinweis darauf kann eine Äußerung sein wie: „Das Maß ist voll". Dies ist kein wohltuendes Polster, sondern es ist oft die Begründung dafür, etwas zu tun, was sich derjenige sonst nicht zugesteht, z. B. einen Wutausbruch.

Anerkennung sollte vom Herzen kommen. Das bedeutet, dass Eltern die Anerkennung, die sie geben, ernst meinen. Kinder zu loben, weil ‚man' sie loben muss, ohne dahinterzustehen, hat keine positive Wirkung und führt zu einem Mangel an Anerkennung.

Unter „verwöhnen" verstehe ich, dass Zuwendung über materielle Dinge gegeben wird. Immer wieder bekommen Kinder, deren Eltern wenig eigene Erfahrungen haben, wie sie Zuwendung geben können, vieles gekauft wie Spielsachen, Kleidung, Naschereien. Eltern, die ein schlechtes Gewissen haben, weil sie wenig Zeit für die Kinder haben, kaufen auch oft vieles für sie, um ihr schlechtes Gewissen zu beruhigen und damit sie das Gefühl haben, für die Kinder etwas zu tun. Wenn das Materielle den Kindern an Stelle von emotionaler Zuwendung gegeben wird, kommt es bei den Kindern zu einem Defizit an emotionaler Zuwendung. Die Folge davon ist, dass diese Kinder (bei Erwachsenen ist es übrigens genauso) immer wieder etwas gekauft haben wollen, da das eigentliche Bedürfnis nicht gestillt wird, obwohl sie glauben, es so stillen zu können. Deshalb hat die Freude über materielle Dinge meistens keine lange Wirkung. Eltern erleben die Kinder dann häufig als nimmersatt und leiden unter dem heftigen Drängeln und Fordern der Kinder nach z. B. CDs, Süßigkeiten oder immer wieder neuer Kleidung. Materielle Dinge haben dann Wirkung, wenn die Eltern etwas finden können, woran das Herz des Kindes so hängt, dass die emotionale Seite deutlich wird, wie z. B. bei einem lang ersehnten Geburtstagsgeschenk. Dabei spielt dann der Preis des Geschenkes eine untergeordnete Rolle. Kinder, die genügend Zuwendung bekommen, sind satte Kinder. Satte Kinder sind häufig zufrieden und haben eine größere Frustrationstoleranz als hungrige.

Hier zur Illustration eine Geschichte, die ein 12-jähriges Mädchen im Rahmen einer Psychotherapie geschrieben hat:

Der große Hunger

Es war einmal ein kleines Mädchen, das hatte großen Hunger. Da fing es an, in der Küche zu suchen und fand ein kleines Stück Zwieback. Das war ihm aber nicht genug, dann ging es zum Nachbarn und fragte, ob er etwas Kuchen hätte. Der Nachbar lud das Kind ein, in die Küche zu kommen. Das Kind lehnte ab und sagte: „Mein Hunger ist zu groß, um noch zu laufen." Der Nachbar sagte: „Warte mal einen Augenblick." Er ging hinein und holte ein Stück Kuchen. Da bedankte sich das Mädchen und ging nach Hause. Als es das Kuchenstück gegessen hatte, hatte es immer noch Hunger, da ging es wieder zum Nachbarn und fragte ihn, ob sie noch mehr Kuchen bekommen könne. Der Nachbar sagte: „Hast du aber großen Hunger! Wir haben leider keinen Kuchen mehr." Das Mädchen fragte: „Hast du etwas anderes zu essen?" Der Nachbar sagte: „Ich habe Äpfel und Brot." Er ging ins Haus, dann kam seine Frau und brachte dem Mädchen Äpfel und Butterbrote. Da sagt das Mädchen: „Liebe Nachbarin, könnte ich bei Ihnen essen, alleine macht es keinen Spaß." Die Nachbarsleute laden sie ein, mit ihnen zu essen. Danach geht das Mädchen satt und zufrieden nach Hause.

In dieser Geschichte werden verschiedene Aspekte deutlich.

- Zuerst körperlicher Hunger nach etwas zum Essen.
- Das Mädchen kommt auf eine Idee, wie sie ihn stillen könnte, und ist damit erfolgreich.
- Das Kind hat das Bedürfnis nach Kontakt und Beachtung, sie bittet darum, und ihr wird auch dieses Bedürfnis erfüllt.
- Eltern müssen nicht alle Bedürfnisse der Kinder erfüllen: Es gibt auch andere Menschen, die bereit sind, sich daran zu beteiligen.

Um sich geborgen fühlen zu können, brauchen Kinder die Gewissheit, dass sie um Anerkennung nicht kämpfen müssen, sondern dass genügend Anerkennung und Beachtung für sie da ist. Der Kampf um Anerkennung verbraucht Energie und verunsichert.

Das Geben von Beachtung und Anerkennung habe ich bisher aus der Sicht der Eltern dargestellt, da es ihre Verantwortlichkeit ist, den Kindern das Notwendige zu geben. Natürlich bekommen Eltern auch von Kindern Anerkennung und Beachtung in all den beschriebenen Formen. Eltern freuen sich oft an dem Positiven, das ihnen entgegengebracht wird, oder leiden unter dem Negativen, das ihnen präsentiert wird. Hier ist es wichtig, aufmerksam zu sein und zu schauen, woher es kommt, wenn ein Kind sich negativ äußert.

Manche Eltern erwarten von ihren Kindern Anerkennung im Gegenzug zu all dem, was sie für ihre Kinder getan haben. Natürlich ist es schön, wenn wir von unseren Kindern liebevolle Anerkennung bekommen, und es ist auch wichtig, sie anzunehmen, doch ist es keine spezielle kindliche Aufgabe von Kindern, für die Eltern zu sorgen. Wenn Eltern dies fordern – häufig geschieht es unabsichtlich – ist das eine Überforderung der Kinder und stört damit deren Geborgenheitsgefühl.

Was Eltern tun können

Es ist wichtig, dass Eltern sich informieren. (Das tun Sie gerade.)

Eltern sollten auch darauf achten, welche Zuwendung und Anerkennung sie selbst brauchen und wie sie diese bekommen können. Einerseits braucht jeder von uns Anerkennung von außen, andererseits ist es auch wichtig, sich selbst Anerkennung zu geben. Die Frage: „Welche Anerkennung gebe ich mir selbst?" stellen sich viele Menschen nicht. Die Erfahrung zeigt, dass sich auch Eltern selbst selten positive Beachtung schenken, dagegen oft negative Beachtung. Sie kritisieren sich selbst und hoffen darauf, nun von außen anerkannt zu werden. Dies ist leider ein Irrglaube, denn wenn Menschen mit sich selbst streng sind, werden sie seltener Positives von außen bekommen und – wenn doch – oft nicht annehmen. Eltern brauchen auch Anerkennung: Wenn sie selbst nicht genügend davon bekommen, können sie ihren Kindern keine Beachtung geben, ohne selbst zu verarmen. Das alte Motto ‚Eine gute Mutter denkt an sich selbst zuletzt' formuliere ich um: ‚Allein eine Mutter, die auch an sich denkt, kann eine gute Mutter sein.'

Anerkennung und Beachtung sind keine Mangelware, auch wenn manche Menschen so leben. Sie sind unbegrenzt vorhanden, wenn wir in der Lage sind, sie zu nehmen und zu geben.

Fürsorge für andere ermöglichen

Ein in uns wohnendes Bedürfnis ist der Wunsch, etwas für andere zu tun. Diese Fürsorglichkeit erleben wir schon intensiv bei Kindern, wenn sie z. B. mit Puppen spielen und diese wie Eltern liebevoll betreuen. Kinder wollen dies jedoch nicht allein im Spiel tun, sondern auch mit realen Personen. Deshalb ist es wichtig, ihnen je nach ihren Fähigkeiten die Möglichkeit zu geben, eigenständig kleine Aufgaben im Haushalt zu übernehmen, auch wenn am Anfang das Ergebnis nicht so ist, wie wenn es ein Erwachsener gemacht hätte. Kindern benötigen die Möglichkeit zum Lernen und Üben. Diese Situation bietet Erwachsenen auch die Chance, von Kindern zu lernen und von ihnen etwas anzunehmen. Sie haben oft kreative Ideen, die uns aus unserem gewohnten Trott, z. B. bestimmten Arbeitsabläufen im Haushalt, herausholen.

Es ist wichtig, dieses Bedürfnis, für andere zu sorgen, nicht auszunutzen und z. B. die älteren Geschwister mit der Betreuung der jüngeren Geschwister zu überfordern.

Kinder, die Aufgaben für andere übernehmen dürfen, entwickeln auch einen Blick dafür, was in diesem Bereich wichtig ist. Dies erleichtert ihnen später, sich selbst zu versorgen. Viele Menschen, die darin wenig Übung haben, sind immer wieder auf der Suche nach jemandem, der sie versorgt, und machen sich dadurch leicht von anderen abhängig. Das Bedürfnis, fürsorglich zu sein, ernst zu nehmen, hilft in dem Sinne zur Selbständigkeitsentwicklung, dass sich Kinder auch bei sich selbst geborgen fühlen können.

Was Eltern tun können

Eltern können sich Aufgaben überlegen, die dem Alter der Kinder entsprechen, die zur Situation passen und möglichst auch eine gewisse Attraktion für Kinder haben: Den Mülleimer heruntertragen ist sicher nicht attraktiv. Oft haben Kinder den Eindruck, dass sie die Dinge tun müssen, zu denen die Erwachsenen keine Lust haben, oder als Handlanger Hilfsarbeiten, die wenig wichtig sind. Lassen Sie sich ruhig einmal von Ihrem kleinen Sohn Tee kochen.

Welche Anregungen sind nützlich und notwendig?

Alle Sinne der Kinder brauchen Anregung. Schon Neugeborene bevorzugen bestimmte Farben, und es gibt Dinge, die sie länger anschauen als andere. Säuglinge können Stimmen unterscheiden oder Musik wiedererkennen. Diese Beispielen zeigen, dass es bedeutsam ist, das Interesse und die Neugier der Kinder ernst zu nehmen und ihnen Anregungen zu geben. Die Sinneseindrücke gehen über unterschiedliche Kanäle wie das Sehen, das Hören, das Schmecken und Riechen. Körperreize brauchen Kinder von Anfang an; dazu gehören z. B. Berührungen, Bewegungserfahrungen und Schmerz.

Auch im Bereich der Anregungen gibt es in den verschiedenen Altersstufen unterschiedliche Schwerpunkte. Mit manchen Aktionen werden mehrere Grundbedürfnisse gleichzeitig angesprochen und erfüllt.

Säuglinge haben auch schon Bedürfnisse in allen Bereichen der Stimulierung, auch wenn man früher glaubte, Säuglinge würden wenig wahrnehmen und noch wenig Kontakt brauchen. Betrachten wir die Situation des Wickelns: Das Kind wird ausgepackt, darf dabei frei strampeln, wird nach dem Reinigen eingecremt. Hier werden mehrere Bedürfnisse erfüllt: das nach Berührung und Körpererfahrung, und oft wird auch der Geruchssinn befriedigt, wenn das Öl oder die Creme gut duftet. Vater oder Mutter sprechen dabei mit dem Kind, so ist der akustische Kanal auch noch angesprochen. Das Kind schaut dabei auch meistens sein Gegenüber an, es besteht zusätzlich noch Blickkontakt. Das mag jetzt wie eine Überforderung klingen, ist es in diesem Fall aber nicht, da die einzelnen Aktionen zusammenstimmen und eine Einheit miteinander bilden.

Kinder haben einen großen Bewegungsdrang; sie brauchen die Möglichkeit, ihn auszuleben, um dann auch Ruhephasen zu haben. Heute werden Säuglinge häufig in ihrem Wunsch nach Bewegung gebremst, da sie sehr viel herumgetragen werden. Sie brauchen aber Gelegenheit, sich frei nach ihren Wünschen und Möglichkeiten zu bewegen, z. B. auf einer Decke oder im ‚Ställchen'. (Es ist heute völlig zu Unrecht aus der Mode gekommen ist, es ist aber ein sicherer Platz; es sollte natürlich nicht der dauernde Aufenthaltsort eines Kindes sein.) Ein *Kleinkind* braucht die Möglichkeit, z. B. frei herumzulaufen und klettern zu üben.

Für *Schulkinder* wird es oft schwierig, dieses Bedürfnis zu befriedigen: Sie verbringen den ganzen Vormittag in der Schule, wo nur begrenzt Zeit und Gelegenheit für Bewegung ist, und leider wird der Schulweg immer seltener dafür genutzt. Ein großer Teil der Kinder wird mit dem Auto zur Schule gefahren, weil es schneller geht und den Eltern sicherer erscheint. Eltern sollten dafür sorgen, dass Kinder Gelegenheit bekommen, sich zu bewegen: Kinder haben ein intensives Bedürfnis, sich zu bewegen und ihren Körper in der Bewegung zu erfahren. Viele Kinder haben heute einen großen Bewegungsmangel. Dieses Bedürfnis zu erfüllen hilft auch, körperlicher Unruhe und Aufmerksamkeitsstörungen vorzubeugen.

Ein Jugendlicher, der mit Genuss mit dem Vater rauft, stillt auch verschiedene Bedürfnisse wie das nach Kontakt und Körpererfahrung. In diesem Alter ist der Sport eine gute Möglichkeit, mehrere Bedürfnisse zu erfüllen. Mannschaftssport z. B. bietet den größeren Kindern Kontakt mit Altersgenossen, Wettbewerb, Austoben mit Körpererfahrungen.

Kinder unserer Zeit haben in der Regel keine Defizite im Bereich der optischen oder akustischen Stimulierung. Die Gefahr liegt eher darin, dass die Kinder ein zu großes Angebot bekommen.

In der Tat kann es eine Überstimulierung geben, die dazu führt, dass das Gefühl für angenehme Stimulierung verloren geht und diese dadurch nicht mehr wirksam ist. Jugendliche, die sich andauernd lauter Musik aussetzen, werden Musik in normaler Lautstärke kaum noch wahrnehmen. Sie brauchen, um sie überhaupt zu bemerken, eine Lautstärke, die nicht mehr angenehm ist und körperlichen Stress verursacht. Jugendliche, die daran gewöhnt sind, nehmen sie aber nicht als unangenehm wahr und können deshalb nicht verstehen, dass ihnen diese Lautstärke nicht gut tut. Diese Art der Musik stimuliert nicht nur das Ohr, sondern über die Vibration auch den gesamten Körper. Die Lautstärke ist nicht nur eine Überstimulierung, sie kann auch eine Lärmschwerhörigkeit bewirken.

Die dauernden Umgebungsgeräusche einer Stadt wie Verkehrslärm und Geplärr von Fernsehern aus anderen Wohnungen bedeuten eine kontinuierliche Stimulierung, die wir kaum noch registrieren und die dazu führt, dass wir akustische Stimulierung oft erst bemerken, wenn sie eine Überstimulierung ist. Dadurch geraten viele, ohne es zu bemerken, in einen sich selbst verstärkenden Kreislauf. Sie bemerken es erst dann, wenn sie in eine Stille kommen und diese ganz schwer aushalten können.

Was Eltern tun können

Bewegen Sie sich gerne? Wenn nicht, wird es wichtig sein, dass jemand, der (oder die) das gerne tut, Ihr Kind mitnimmt und es dadurch Gelegenheit bekommt, sich auszutoben.

Sie können überprüfen, wie Sie es mit der eigenen Stimulierung halten. Läuft den ganzen Tag im Hintergrund das Radio oder der Fernseher? Das Fernsehen spricht mehrere Sinne an, die Augen, die Ohren und – wenn in der Musik viele Bässe enthalten sind – auch das Körperempfinden.

Der bewusste Umgang mit Reizen ist notwendig und sinnvoll zum Schutz der Kinder, denn Überstimulierung ist ungesund und kann zu Störungen unterschiedlicher Art, z. B. zu körperlicher Unruhe bei den Kindern führen (wenngleich dies sicher nicht die einzige Ursache ist).

Orientierung – Sinn für Ordnung: Strukturen sind sehr wichtig

In meiner Arbeit mit Kindern fällt mir in den letzten Jahren besonders das Fehlen von Leitlinien und Strukturen bei Kindern auf. Kinder brauchen, um sich sicher zu fühlen, Ziele und wiederkehrende Muster, die ihnen vertraut sind und ihnen dadurch Sicherheit geben.

Am Beispiel, wie Menschen ihre Zeit strukturieren können, werde ich verschiedene Möglichkeiten der Struktur aufzeigen. Ich liste die Möglichkeiten nach der Intensität des Kontaktes zwischen Menschen auf.

Jedem sollte es möglich sein, sich innerlich oder/und äußerlich zurückziehen. Dies wird heute Säuglingen oft nicht gewährt, weil viele, gerade auch sehr engagierte Eltern glauben, dass dauernder Kontakt hilfreich sei. Ein Kind braucht aber auch seine Zeiten für sich, um selbstbestimmt zu sein und um den eigenen Gedanken und Gefühlen Raum zu geben.

Rituale bestehen aus wiederkehrenden, häufig gesellschaftlich geprägten Abläufen. Eine Begrüßung mit Händeschütteln kann ein solches Ritual sein. Kinder brauchen, um die Struktur des Tages zu erkennen, wiederkehrende Rituale. Kinder brauchen zum Ausklang des Tages ein ‚Ins-Bett-geh-Ritual'. Sie bestehen darauf und sind häufig unglücklich und schlafen schlecht ein, wenn es aus irgendeinem Grund nicht stattfindet.

In vielen Familien gibt es ein Ritual für das Nach-Hause-Kommen, das kennzeichnet, wie sich die Familienmitglieder dabei bemerkbar machen. An diesem Beispiel wird auch deutlich, dass mit Ritualen unangenehme Überraschungen vermieden werden: Plötzlich bewegt sich jemand in der Wohnung, ohne dass klar war, dass jemand hineingekommen ist. Ganz ähnlich ist es verständlicherweise mit dem Weggehen. Für Kinder ist es notwendig zu wissen: Bin ich allein oder ist noch jemand in der Wohnung? Ein Ritual, dass dies deutlich macht, muss keine zeitaufwendige, große Aktion sein. Es reicht völlig aus, dass die Kinder wissen: Meine Mutter sagt „Tschüs", ehe sie weggeht, und sie sagt, wann sie wiederkommt.

Wir brauchen auch Zeit, die wir in *lockerem Austausch* verbringen: Ein Schwatz von Mutter zu Mutter, ein Spiel mit der Tochter, um gemeinsam mit Spaß Zeit zu verbringen. Der Freizeitsport gehört hierher, er verfolgt kein besonderes Ziel außer dem, Spaß zu haben, sich zu bewegen und damit die Zeit in lockerer Weise zu verbringen.

Im Kontrast dazu steht der Leistungssport: Mit ihm wird ein definiertes Ziel verfolgt, das mit bestimmten Leistungsanforderungen, z. B. bei Wettkämpfen, verbunden ist. Er gehört zu den gezielten *Aktivitäten*. Dazu gehören z. B. auch die von den Kindern oft als lästig erlebten Hausaufgaben oder das Üben mit Musikinstrumenten. Die Aktivitäten können durchaus auch eine Spaßkomponente haben, sie sind aber geprägt von dem Ziel, das sie erreichen sollen.

Das kindliche Spiel kann in diese Aktivität eingeordnet werden. Der Prozess des kindlichen Spiels beginnt mit einer Idee, die das Kind begeistert, dann probiert das Kind verschiedene Dinge aus, um diese Idee umzusetzen. Wenn ein Spiel befriedigend abläuft, findet das Kind ein Ende, das ihm gefällt. Kinder stellen oft den ursprünglichen Plan um, wenn sie merken, dass er sich nicht so verwirklichen lässt, wie sie es sich vorgestellt haben. Hier wird deutlich, dass auch das freie kindliche Spiel zielorientiert ist und dadurch mit Leistung zu tun hat.

In unserem Leben lernen wir, mit anderen Menschen so in Kontakt zu kommen, dass unser Gefühl beteiligt ist. Jeder von uns hat Fähigkeiten, intuitiv zu erfassen, wie und wodurch ein Gegenüber zu erreichen ist. Natürlich treffen wir nicht immer einen passenden Punkt, aber in den Fällen, in denen uns das gelingt, kommt ein Kontakt zustande, der auch die Gefühle anspricht. Diese Muster sind gelernt und finden immer wieder in ähnlicher Weise statt. Die Hausaufgabensituation läuft oft in solchen schon bekannten ‚Gleisen'.

Beispiel: Ein 9-jähriger Junge sitzt stöhnend vor den Aufgaben und ist unglücklich. Die Mutter kommt dazu und fragt ihn ärgerlich: „Weißt du schon wieder nicht, was du machen sollst?" Der Junge ärgert sich auch und schimpft vor sich hin. Mutter und Sohn sind erst einmal beide ärgerlich, und der Junge beantwortet erst einmal die Frage nicht. Es dauert eine Weile, bis er sich beruhigt und mit den Hausaufgaben beginnen kann.

In diesem Beispiel zeigt sich der Junge hilflos, und die Mutter reagiert auf ihn heftig kritisch. Diese Positionen, die hilflose und die kritische, bedingen einander, sie sind häufig und meistens unangenehm, aber auch sie tragen zur Strukturierung unseres Lebens bei.

Im Umgang von Menschen miteinander gibt es Zeiten des ganz nahen und *intensiven Kontaktes*. Eine Mutter stillt ihr Kind und befindet sich mit ihm in einem innigen Kontakt (nicht jedes Stillen ist ein solcher Kontakt). Oder ein Vater betrachtet mit seinem Kind ein Bilderbuch, und beide unterhalten sich intensiv miteinander über das, was sie da sehen.

Wir Menschen brauchen alle diese Möglichkeiten, mit unserer Zeit umzugehen. Wenn bestimmte Bereiche ein zu großes Gewicht haben, kann dies ungesund sein. Heute sehe ich, dass schon Kindergartenkinder ein sehr großes (oft zu großes) Programm von gezielten Aktivitäten haben. Sie gehen in den Kindergarten und haben oft zusätzlich jeden Nachmittag einen Programmpunkt wie musikalische Früherziehung, Ballett, Fußball, Musikstunden, Fremdsprachenunterricht und ähnliches. All diese Aktivitäten bieten Kindern sicher Spaß und sind auch förderlich. Hier geht es nicht darum, die einzelnen Aktivitäten zu bewerten, sondern deutlich zu machen, dass eine solche Fülle von Aktivitäten Kinder überfordert und nicht fördert. Sie bekommen dadurch zu wenig Gelegenheit, sich z.B. zurückzuziehen oder locker irgendetwas zu tun.

Eine andere Überforderung sehe ich bei Säuglingen, von denen zu viel an intensivem Kontakt gefordert wird. Damit bleibt ihnen zu wenig Gelegenheit, einfach herumzuschauen oder sich zu bewegen, ohne im Kontakt mit der Bezugsperson zu sein.

Kinder können über die Strukturen, die Eltern ihnen bieten, einen Sinn für Ordnung entwickeln, Abläufe gut nachvollziehen und sie dadurch auch selbst steuern lernen.

Was Eltern tun können

Finden Sie (mit Hilfe der Informationen in diesem Kapitel) heraus, wo Ihre Stärken liegen. Sie können auch nachprüfen, in welchen Bereichen Sie Ihre Möglichkeiten erweitern können.

Für den Fall, dass Sie in wiederkehrende unangenehme Muster verstrickt sind, kommen Sie mit der Überlegung: „Was will ich im Moment?" oder mit der Frage an Ihr Kind: „Was ist los?" in eine Situation oder Aktivität, die angenehmer ist.

Kinder brauchen Bezugspersonen

In der Säuglings- und Kleinkindforschung wurde deutlich, dass die Qualität der Beziehung zwischen Eltern und Kindern wesentlich die Persönlichkeitsentwicklung von Kindern beeinflusst. Die in der Psychotherapie gewonnenen Erkenntnisse machen dies ebenfalls deutlich. Die Beziehung zwischen Mutter bzw. Vater und Kind beschreibt das, was zwischen den Personen stattfindet. Hier geht ein:

- das Verhalten
- die Gefühle
- das, was gesprochen wird
- die Weise, wie gesprochen wird: Mimik, Gestik und Stimme.

All das wird auch von der inneren Einstellung der Eltern mitbestimmt.

Da Kinder von ihren Eltern abhängig sind, hat die Beziehung einen anderen Charakter als die zwischen zwei Erwachsenen. Ob sich Kinder geborgen fühlen oder nicht, hängt auch von der Gestaltung der Beziehung zwischen den Erwachsenen und den Kindern ab.

Der Begriff der Bezugsperson macht deutlich, dass Kinder mindestens eine Person brauchen, auf die sie sich beziehen können; diese Person übernimmt für die Kinder das, wozu sie selbst noch nicht fähig sind. Kinder können beispielsweise noch nicht die gesamte Verantwortung für sich selbst übernehmen. Eltern stellen ihren Kindern die Persönlichkeitsanteile, die sie noch nicht entwickelt haben, zur Verfügung.

Ziel der Entwicklung von Kindern ist es, dass sie selbständig werden und die eigenen Fähigkeiten und Möglichkeiten leben können.

Die Eltern geben nicht nur Fürsorge, sie stellen auch ihr Wissen und ihre Erfahrungen zur Verfügung. Für Kinder bedeuten die Eltern und die Umgebung die ‚ganze Welt', sie glauben, bis sie andere Erfahrungen machen, die gesamte Welt sei so wie die ihrer Eltern. Für den Weg in die ‚fremde Welt' brauchen Kinder einen festen Bezug.

Die physische und emotionale Anwesenheit der Eltern

Eine wesentliche Voraussetzung für die Verfügbarkeit ist die emotionale Offenheit dem Kind gegenüber. Das Kind muss spüren: Hier ist jemand für mich da, und dieser Mensch ist zuverlässig für mich da, in dem Sinne: ‚Auch wenn wir einander nicht sehen, ist er für mich da.'

Im *Säuglingsalter* ist die Abhängigkeit von den Bezugspersonen am größten. In dieser Zeit sind die Eltern in ihrer Präsenz und von ihrem Einfühlungsvermögen am stärksten gefordert. Für viele Menschen ist der Umgang mit einem Wesen, das so klein ist und häufig zerbrechlich wirkt, das sich sprachlich nicht ausdrücken kann, sehr schwierig. Erfreulicherweise sind wir von der Natur so ausgestattet, dass spontane, für das Kind förderliche Verhaltensweisen intuitiv vorhanden sind. Es ist ‚nur' nötig, sie zuzulassen. Ein Beispiel dafür erleben wir bei uns selbst und auch bei anderen, dass Menschen, die mit einem Säugling zu tun haben, in einem veränderten Sprachrhythmus sprechen, der bei den Kindern gut ankommt.

Beziehung bedeutet Gegenseitigkeit. Dabei ist es zentral, dass man sich aufeinander einstellt: es stellen sich nicht nur die Eltern auf die Kinder ein, auch die Kinder stellen sich auf Vater und Mutter ein. Viele Eltern glauben, dass nur sie sich nach den Kindern richteten und sie sich selbst zurückstellten. Aber auch schon Säuglinge richten sich nach ihren Bezugspersonen: Es ist zu beobachten, dass sie zu verschiedenen Personen unterschiedlich Kontakt aufnehmen.

In der ersten Zeit mit einem Säugling ist es für Paare oft schwierig. Meistens übernimmt einer der beiden (in über 90% der Fälle ist es die Mutter) hauptverantwortlich die Betreuung des Kindes. Die Veränderung von der Paarsituation zur Familie bedeutet eine Änderung in der Beziehung des Paares.

Mutter und Kind entwickeln eine gemeinsame Welt des Verstehens: die Mutter bekommt Erfahrung, die Signale des Kindes wie die Mimik, die Lautäußerungen, die Körperbewegungen, die Hautfarbe, die Atmung wahrzunehmen und zu deuten. Sie folgt im Umgang mit dem Kind ihrer Beobachtung, ihrem Wissen, ihrer Intuition und ihrer Bereitschaft, sich mit dem Kind zu beschäftigen. Diese Zweisamkeit zwischen Mutter und Kind wird von Vätern oft als bedrohlich erlebt, sie erleben sich als ausschlossen und abgelehnt. Wird dies von den Partnern nicht zum Thema gemacht und besprochen, führt es häufig dazu, dass Väter mit dem Kind um die Beachtung durch die Ehefrau bzw. die Mutter konkurrieren. Sie sehen sich dann nicht genügend beachtet, ziehen sich zurück, werden ärgerlich oder intensivieren ihre Kontakte außerhalb der Familie, obwohl sie in der Familie dringend gebraucht werden. Um dieser Schwierigkeit zu entgehen, ist es wichtig, dass Väter diese Zweisamkeit zwischen Mutter und Kind akzeptieren. Väter können sich genau so intensiv auf ihr Kind einlassen und vergleichbare Erfahrungen machen. Auch ist es für den Vater und das Kind wichtig, dass die Partnerin und Mutter auch aus dieser Zweisamkeit herauskommt und die Partnerschaft lebt. Am Anfang müssen viele Eltern ganz bewusst dafür Zeit einplanen. Für Säuglinge ist die Verfügbarkeit lebensnotwendig; die Eltern müssen daher ihre eigenen Bedürfnisse in dieser Zeit häufig zurückstellen.

Auch ein Säugling kann eine Zeitlang seinen eigenen Bedürfnissen nachgehen, z. B. schlafen, spielen oder herumschauen.

Mit dem Begriff Bindung bezeichnen wir, wie Mutter und Kind aufeinander bezogen sind und wie diese Beziehung gestaltet wird. Erstrebenswert ist eine *sichere Bindung* zwischen Mutter und Kind. Das bedeutet, dass das Kind, wie vorher beschrieben, sich der Mutter sicher ist, dass die Mutter die Signale des Säuglings zutreffend deutet und dem Kind so oft wie möglich seine Bedürfnisse erfüllt. Ist die Situation ungünstig oder ist eine Mutter von ihrer Persönlichkeit her nicht in der Lage, sich auf das Kind so einzustellen, wie es notwendig wäre, kann diese Bindung gestört sein.

Eine Möglichkeit der Störung besteht darin, dass das Kind, wie wir es bezeichnen, *unsicher* an die Mutter gebunden ist. Dazu kann es kommen, wenn eine Mutter

z. B. große Ängste in Bezug auf das Kind hat und sich dadurch ihrem Kind gegenüber unsicher verhält, und zwar nicht nur gelegentlich (das ist normal), sondern regelmäßig. Das Kind wird die Mutter nicht als verlässlich erleben, und deshalb kann die Bindung zwischen Mutter und Kind nicht sicher sein.

Kinder, die eine unsichere Bindung entwickelt haben, haben oft Ängste und aus diesem Grund Schwierigkeiten beim Einschlafen. Hier eine Zeichnung von einem Mädchen, das aus Angst vor Gespenstern oft nicht einschlief. Sie nahm meine Anregung auf, sie einmal zu zeichnen:

Anhand des Bildes war ein Gespräch über diese Figuren möglich, und sie konnten im Laufe der Psychotherapie ‚entschärft' werden, das Mädchen entwickelte Sicherheit für sich und konnte dann gut einschlafen.

Eine *ambivalente* Bindung kann dann entstehen, wenn die Mutter in ihren Gefühlen dem Kind gegenüber wechselhaft ist, in dem Sinne, dass sie es in manchen Situationen liebt und in anderen ablehnt. Die Folge beim Kind wird sein, dass es sich in manchen Situationen angenommen fühlt und in anderen abgelehnt. Geringe Anteile eines solchen Schwankens gibt es sicher in jeder Eltern-Kind-Beziehung. Wie auch in anderen Bereichen hat nicht eine einzelne Situation oder ein kleines Vorkommnis nachhaltige Wirkung, sondern ein andauernder Wechsel von Annahme und Ablehnung.

Diese beiden letzten Qualitäten der Bindung haben unterschiedliche Bedeutung für die Persönlichkeitsentwicklung der Kinder. Im Fall der unsicheren Bindung haben die Kinder z. B. häufig Ängste, und sie trauen sich wenig zu. Im Fall der ambivalenten Bindung haben die Kinder später z. B. Schwierigkeiten, sich auf nahe Beziehungen einzulassen und Angst, verlassen zu werden.

Das, was ich in der Bindung von Mutter und Kind beschrieben habe, betrifft nicht nur Mütter; da sie aber in der Regel die Hauptbezugspersonen für ihre Kinder sind, geht es hier am häufigsten um die Situation zwischen Müttern und Kindern. Mit jeder anderen Hauptbezugsperson kann die Bindung in einer dieser drei Formen bestehen.

Wenn Kinder sich ihrer Bezugspersonen nicht sicher sind, bedeutet das einen Mangel an seelischer Geborgenheit.

Sichere Bindung bedeutet nicht, dass Mütter ihre Kinder immer nur toll finden müssen und sich über sie nicht ärgern dürfen. Auch wenn eine Mutter sich über ihr Kind ärgert, muss dies kein Zeichen von Ablehnung sein. Viele Eltern glauben, Ärger über Kinder würde damit einhergehen, dass sie ihre Kinder nicht lieben. Ärger und Liebe schließen einander nicht aus. Kinder brauchen auch Frustration, um sich zu entwickeln, sie werden dadurch angeregt, neue Lösungen zu finden. Kinder, die sich geborgen fühlen, halten Frustration wesentlich besser aus als beispielsweise ängstliche Kinder.

Die Qualität der Beziehung kann nicht nur über die Art der Bindung beschrieben werden, sondern auch über den Aspekt der Abhängigkeit.

Die beschriebene Abhängigkeit sollte kleiner werden, je älter die Kinder werden. Für ihre Selbständigkeitsentwicklung brauchen Kinder einerseits Unterstützung dabei, ihre Selbständigkeitstendenzen zu üben, und andererseits den Wunsch der Bezugspersonen, dass die Kinder auch wirklich selbständig werden. Auch hier wird wieder einmal die Spannung zwischen Unterforderung und Überforderung deutlich. Überfürsorglichkeit bremst die Entwicklung: Kindern werden Tätigkeiten abgenommen, die sie selbst tun könnten. Damit fördert sie die Abhängigkeit und die Entwicklung zum ‚Hotel Mama'.

Zu wenig Fürsorge führt zum Mangel: Kinder brauchen Anleitung und Führung. Wird ihnen diese nicht gegeben, können sie ihre Möglichkeiten nicht entwickeln und bleiben dadurch auch abhängig. Altersgerechte Fürsorge ist entwicklungsfördernd.

Kinder brauchen eine Entwicklungszeit und passende Entwicklungsbedingungen, um selbständig zu werden. Zu den Entwicklungsbedingungen gehört, dass die Eltern den Kindern ein Gegenüber sind. Ich meine damit, dass es wichtig ist, dass Eltern sich nicht mit ihren Kindern als Einheit erleben. Wenn das der Fall ist, drückt es sich oft in Formulierungen aus wie: „Wir machen nachmittags zwei Stunden Hausaufgaben." Hier übernimmt die Mutter mit die Verantwortung für die Hausaufgaben, sie kann so nicht ein Gegenüber sein, das die notwendigen Leistungen einfordert. Kinder brauchen die klare Trennung zwischen dem *Ich* und dem *Du*, sie ist die Grundlage für eine förderliche Beziehung.

Dieses ‚*Ich* und *Du*' ist nur dann möglich, wenn sich die Bezugsperson mit dem Kind nicht als Einheit sieht. Es ist wichtig, dass beide die Verantwortung für sich selbst tragen. Gesunde Nähe und auch gesunde Distanz kann nur in der *Ich-Du-Beziehung* gelebt werden. Das *Wir-Empfinden* wird in dieser Einheit, die eine Art der Verschmelzung darstellt, als besonders intensiv erlebt. In einer Beziehung mit getrennten Personen gibt es ein *Wir*, das von beiden bestimmt wird und dadurch ein Gleichgewicht hat.

Zur seelischen Unabhängigkeit müssen Kinder innere Bilder von ihren Bezugspersonen entwickeln, um damit auch die Gewissheit zu haben, dass die Eltern ihnen nicht verloren gegangen sind, auch wenn sie sie nicht mehr sehen. Daher sind längere Trennungen in den ersten zwei Jahren schwierig, wenn keine vertraute Person mehr zur Verfügung steht. Eine Mutter kann ruhig für ein paar Tage verreisen, wenn das Kind mit Vater oder Großmutter vertraut ist und dadurch vertraute Bezugspersonen zur Verfügung hat. Diese spürbare Präsenz bewirkt, dass auch das Kind offen sein kann und sich sicher fühlt. Für diese Sicherheit ist auch die innere Verfassung der Eltern von Bedeutung. Viele Eltern glauben, dass ihre innere Stimmung für Kinder keine Bedeutung habe, so lange sie diese nicht offen zeigen. Dies ist ein Irrtum. Kinder können sehr wohl wahrnehmen, wenn Eltern in inneren Problemen stecken, und es ist bedeutsam für sie. Dazu gibt es in dem Kapitel über Eltern mehr Informationen.

Je selbständiger Kinder werden, desto geringer ist die notwendige Verfügbarkeit der Mutter oder einer anderen Bezugsperson.

Beispiel: Ein *Kleinkind* spielt mit seinen Klötzen, die Mutter freut sich darüber und vertieft sich in ein Buch, und sie ist froh, dass sich das Kind selbst beschäftigt; aber kaum hat sie sich richtig eingelesen, macht sich das Kind bemerkbar und gibt Lautäußerungen von sich. Kümmert sich die Mutter nicht, wird es bald quengeln, zur Mutter krabbeln und sich nachdrücklich bemerkbar machen.

Mit diesem Beispiel will ich zeigen, dass es wichtig ist, nicht nur körperlich anwesend zu sein, sondern mit dem Kind in Kontakt zu sein. Das heißt nicht, dass die Mutter auf ihr Kind fixiert ist und es permanent im Auge hat, sondern es reicht völlig aus, wenn die Mutter strickt oder irgend etwas im Haushalt macht. So könnte der Kontakt bestehen bleiben, und das Kind wäre vermutlich mit seinem Spiel über einen längeren Zeitraum zufrieden.

Für ein Kind ist es wichtig, Erfahrungen zu sammeln. Dafür braucht es Geborgenheit und Sicherheit und die nötige Rückendeckung, um sich zu trauen, neue Dinge zu probieren.

Am Beispiel ‚Laufenlernen' wird das deutlich. Um frei zu laufen, muss das Kind weggehen von der Bezugsperson und kann dann wieder zurückkommen. Dabei braucht das Kind die innere Sicherheit: ‚Meine Mutter ist da', um loslaufen zu können. Diese Situation zeigt die Verknüpfung von seelischer und körperlicher Entwicklung. Das Kind kann die wichtige Erfahrung, die es zur körperlichen Entwicklung braucht, nur machen, wenn es von der psychischen Entwicklung her dazu in der Lage ist. Am Anfang des ‚Laufenlernens' tragen Eltern ihre Kinder oft ein Stück weg und locken sie dann zu sich. Wenn Eltern ein gutes Gespür für die Distanz haben, die das Kind gut aushält, ist dies eine gute Sache. Dabei sollten Eltern das Empfinden und die Äußerungen des Kindes aber ernst nehmen, um es nicht unnötig zu frustrieren, denn in der beschriebenen Situation kann das Kind die Distanz nicht selbst bestimmen.

Schulkinder haben, wenn sie aus der Schule kommen, Kontakte zu vielen verschiedenen Menschen hinter sich. Manche Kinder wollen sofort wieder in Beziehung gehen und brauchen es, dass jemand, der ihnen wichtig ist, ihnen zuhört. Sie wollen Erlebnisse und Gefühle mitteilen, sei es Freude, sei es Ärger über die Freunde oder die Lehrerin.

Andere Kinder brauchen, wenn sie aus der Schule kommen, erst einmal ihren Rückzug und ihre Ruhe. Es ist dann wichtig, ihnen dies zu ermöglichen und ihnen später Gelegenheit zum Kontakt zu geben – selbst dann, wenn die Mutter den ganzen Vormittag allein war und Lust hätte, sich zu unterhalten.

Es ist wichtig, diese Individualität zu respektieren. Eltern können ein Gespür für die Bedürfnisse der Kinder entwickeln oder, wenn sie sich nicht sicher sind, die Kinder fragen, was sie denn gerade wollen. Das bedeutet, dass Eltern möglichst häufig auf die Bedürfnissen ihrer Kinder eingehen und ihre Pläne darauf einstellen. Erwachsene sollten eine höhere Frustrationstoleranz als Kinder haben und ihre Wünsche leichter zurückstellen können.

Damit sage ich nicht, dass Eltern sich immer nach ihren Kindern richten sollen. Kinder brauchen für ihre Entwicklung Frustration, das heißt die Auseinandersetzung mit der Realität, denn es ist nicht möglich, Kindern (und später Erwachsenen) alle Bedürfnisse sofort zu erfüllen. Von der Säuglingszeit, in der dem Kind möglichst wenig Frustration zugemutet werden soll, bis zum Erwachsenenalter wird der Umgang mit Frustration geübt. Je weniger kleine Kinder frustriert wurden, desto besser können sie später Frustration aushalten.

Was Eltern tun können

Gestehen Sie sich zu, dass es oft ein schwieriger Wechsel ist von der Paarbeziehung zur Familie: Auch das braucht Entwicklungszeit. Trauen Sie Ihren Empfindungen und treten Sie Ihren Kindern als die Person gegenüber, die Sie sind.

Geben Sie neben der Fürsorge für die Kinder auch der Paarbeziehung Zeit.

Rückhalt bedeutet Sicherheit

Es ist die Verantwortlichkeit von Erwachsenen, Kindern den notwendigen Rückhalt zu geben. Kinder brauchen die Erfahrung und die Sicherheit, dass die Eltern sich für sie einsetzen.

Damit Kinder das erleben können, ist es notwendig, dass sie ihre Eltern als mächtig erleben und nicht als fragil, zerbrechlich und ängstlich. Das bedeutet, dass Eltern ihre Macht, die sie haben, auch leben. Es gibt Situationen, in denen Eltern ängstlich sind und sich nicht trauen, bestimmte Dinge zu tun. In solchen Situationen können sich Eltern Unterstützung holen, um für ihre Kinder dann schützend da zu sein oder diese Aufgabe einem anderen übergeben.

Beispiel: Ein 14-jähriger Junge hat zum wiederholten Male seine Hausaufgaben nicht gemacht. Die Mutter hat Angst, zum Lehrer zu gehen, der sie in die Sprechstunde bestellt hat, da sie ein schlechtes Gewissen hat, weil sie ihren Sohn nicht dazu bringt, seine Hausaufgaben zu machen.

Die Mutter hat nun unterschiedliche Möglichkeiten, denn für den Jungen ist es wichtig, dass die Mutter sich nicht mit dem Lehrer solidarisiert und ihn schlecht macht. Sie kann sich Unterstützung holen, indem sie mit jemand anderem darüber spricht, was ihre Ängste sind und wie sie das Gespräch mit dem Lehrer führen kann, oder sie kann ihren Mann bitten, zum Lehrer zu gehen.

Viele Eltern erleben sich selbst ihren Kindern gegenüber als machtlos; dies wird häufig mit diesen Worten geschildert: „Mein Kind hat so viel Kraft und ist so lebhaft, das halte ich den ganzen Tag kaum aus." Kinder besitzen viel Lebensenergie, und gerade wenn man müde ist, ist dies manchmal schwer zu ertragen. Manche Eltern sehen diese Energie als Konkurrenz zu ihrer Macht. Dies sind zwei völlig unterschiedliche Bereiche, daher ist es nicht notwendig, dass Eltern ihre eigene Macht in

Frage stellen, nur weil sie z. B. müde sind. Hier wird häufig Macht und Energie verwechselt. Die Macht der Eltern besteht nicht nur aus der Lebensenergie, sondern auch in ihrer Lebenserfahrung, ihrem Wissen, ihrem ‚Erwachsen-Sein', d. h. in ihrer reifen Persönlichkeit. Entwicklung ist ein lebenslanger Prozess und nicht irgendwann abgeschlossen; von einer reifen Persönlichkeit spricht man, wenn alle Persönlichkeitsanteile entwickelt sind.

Kinder brauchen die Gewissheit darüber, dass ihre Eltern ihnen dort Hilfestellung geben können, wo sie es brauchen, oder ihnen die Information geben, von wem sie die entsprechende Unterstützung bekommen können. Eltern müssen nicht alles selbst wissen, können und tun!

Sicherheit resultiert auch aus Wissen. Daher brauchen Kinder die nötigen Informationen für die Dinge, die sie vorhaben. Es löst immer wieder Erstaunen aus, wenn im Zusammenhang mit diesem Thema von Informationen gesprochen wird. Kindern werden häufig nicht die nötigen Informationen gegeben, aus der Einstellung heraus: „Der wird schon merken, was er braucht, der soll seine eigenen Erfahrungen machen."

Es ist wichtig, dass Kinder Erfahrungen machen, und es ist gut und richtig, wenn die Eltern, wo sie es können, den Kindern Hilfestellung geben, damit sie positive Erfahrungen machen können. Wenn das nicht geschieht, bedeutet das, dass die Kinder den jeweiligen Situationen ausgeliefert werden; und wenn ihnen etwas misslingt, können sie für sich selbst die Überzeugung entwickeln, dass sie zu blöd oder einfach unfähig seien, solche Dinge zu tun. Viele Eltern versuchen, ihren Kindern Erfahrungen zu ersparen. Eigene Erfahrungen sind aber durch nichts zu ersetzen. Andererseits können die Eltern durchaus etwas tun, nämlich ihr Wissen weitergeben und über ihre eigenen Erfahrungen berichten.

Den Rückhalt durch die Bezugspersonen erleben Kinder auch dann, wenn die Eltern in der Öffentlichkeit zu ihnen stehen und nicht als Erstes anderen Erwachsenen recht geben. Gibt es in der Schule Probleme, höre ich oft: „Du wirst zu den Schwierigkeiten beigetragen haben" oder: „Die anderen Erwachsenen haben recht", ohne dass das Kind erst einmal gefragt wird, was denn eigentlich los war. Durch diese Rückendeckung erleben Kinder ihre Eltern als machtvoll, dies hilft Angst zu vermeiden und Kindern das Gefühl von Sicherheit zu geben.

Diese Sicherheit und das Vertrauen in die Verfügbarkeit und den Rückhalt durch die Bezugspersonen brauchen Kinder für den Schritt weg von zu Hause in den Kindergarten oder in die Schule. Denn dieser Schritt bedeutet für die Kinder eine Erweiterung ihres Lebensraumes mit neuen Anforderungen. Hier geht es um die räumliche Orientierung, sich mit neuen Wegen und in neuen Gebäuden zurechtzufinden. Im größeren Lebensraum kommen die Kinder nun auch mit Kindern aus unterschiedlichen sozialen Schichten mit anderen, ungewohnten Verhaltensweisen zusammen. Die Erwachsenen haben häufig für die Kinder fremde Einstellungen, mit denen die Kinder umgehen lernen müssen; z. B. ist es notwendig, sich mit fremden Autoritäten auseinandersetzen. Auch ist es notwendig, dass sie sich in eine Gemeinschaft eingliedern und dort eine Zugehörigkeit entwickeln. Diese Veränderungen der sozialen Rollen vom Kleinkind zum Kindergartenkind und zum Schulkind fordern die soziale Kompetenz des Kindes. Dazu gehört der Rückhalt bei den Eltern. Für viele Kinder ist die Umstellung ziemlich schwierig.

Was Eltern tun können

Wenn Sie es brauchen, suchen Sie sich jemanden, der Ihnen den Rücken stärkt. Trauen Sie sich zu, Ihren Kindern Rückendeckung zu geben. Die Kinder brauchen es, dass Sie hinter ihnen stehen.

Ermutigung, die eigenen Fähigkeiten auszuprobieren

Hier geht es mehr um die Ermutigung, die eigenen Fähigkeiten zu entwickeln und dann auch ihnen entsprechend zu handeln. Dazu ist es (wie in vielen anderen Bereichen auch) wichtig, Informationen über die Entwicklung von Kindern zu haben, um zu wissen, welche Ermutigungen für die spezifische Altersstufe sinnvoll und wirksam sind.

Kinder sammeln viele ihrer Erfahrungen mit ihren Fähigkeiten im Spiel.

Beispiel: Ein *Kleinkind*, das probiert, Becher ineinanderzustecken, wird am Anfang immer wieder auch frustriert sein, wenn es ihm nicht so gelingt, wie es sein soll.

In diesen Situationen brauchen Kinder die Unterstützung der Eltern. Es ist wichtig, den Kindern zu zeigen, wie sie es machen können. Dann ist es notwendig auszuhalten, dass Kinder die Dinge nicht so gut, so schnell und so erfolgreich machen können wie Erwachsene. Die Kinder werden sich dabei möglicherweise auch ärgern, weil es ihnen nicht gleich so gelingt, wie sie es wollen, und weil sie sehen, dass die Eltern es ganz leicht können.

Manche Eltern glauben, ihren Kindern etwas Gutes zu tun, wenn sie den Vorgang für ihr Kind zu Ende führen, um dem Kind Ärger zu ersparen und ihm den Erfolg zu vermitteln. Leider kann das Kind den Erfolg, den die Eltern erzielen, nicht für sich verbuchen. Der Ärger ist eine Motivation, weiter zu probieren oder auch aufzuhören und ein andermal wieder zu beginnen. Schafft das Kind die Aufgabe, die es sich gestellt hat, wird es stolz sein und motiviert sein weiterzumachen. Wie schon im vorangegangenen Kapitel beschrieben, ist es wichtig, Kinder für diese Erfolge anzuerkennen. Auf diese Weise können Kinder das Selbstvertrauen zu ihren Fähigkeiten entwickeln und erleben, dass es Lernprozesse gibt. Hier können Eltern ihren Kindern auch sagen, dass sie neue Dinge auch erst lernen müssen und nicht sofort richtig können.

Diese Ermutigung oder auch Erlaubnis kann sich auf ganz unterschiedliche Bereiche beziehen. Einerseits geht es um Fähigkeiten und um Vertrauen zu den eigenen Möglichkeiten und andererseits um übergreifende Bereiche wie das Zutrauen, erfolgreich sein zu dürfen oder intelligent zu sein.

Die Kinder brauchen für ihre weitere Entwicklung die Bestätigung für das, was sie tun und wie sie es tun. Es ist wichtig, dass sie Dinge auf ihre Art tun können und dafür anerkannt werden. Vielen Eltern fällt dies sehr schwer, da sie glauben, wie sie es anpacken, ist es gut und richtig; sie wollen oft ihren Kindern enttäuschende Erfahrungen ersparen und übersehen dabei, dass es ganz wichtig ist, etwas ausprobieren zu dürfen, um Selbständigkeit und eine Vorstellung darüber zu entwickeln, was machbar ist und was nicht. Natürlich ist es wichtig, Kinder nicht „alles" allein ausprobieren zu lassen. Denn einerseits brauchen sie Schutz, da sie manche Gefahren noch nicht einschätzen können, andererseits brauchen sie Anregungen, wie sie Dinge anpacken können.

Was Eltern tun können

Gehen Sie, wenn es möglich ist, auf die Ideen Ihrer Kinder ein und helfen Sie ihnen, ihre eigenen Vorstellungen zu verwirklichen. Ermutigen Sie die Kinder, wenn z. B. das Fahrradfahren nicht gleich klappt, es öfter zu probieren.

Erfolgserlebnisse machen froh

Wir alle brauchen Erfolgserlebnisse. Das bedeutet, dass wir von außen Anerkennung bekommen für das, was wir getan haben, und es uns selbst auch anerkennen. Dies gibt die Motivation, weitere Dinge anzugehen und hilft auch, Misserfolge auszuhalten. Wenn wir kleinen Kindern zuschauen, sehen wir, wie begeistert sie von dem sind, was sie neu entwickeln. Es ist eindrucksvoll zu beobachten, wenn sich ein *Säugling* das erste Mal herumdreht und damit ein von ihm gewünschtes Ziel, ein Spielzeug, erreicht. Er strahlt und juchzt vor Vergnügen, er wird es immer wieder ausprobieren, wenn er Gelegenheit dazu hat. Kinder, die viel getragen werden und dadurch keine Frustration aushalten oder sich anstrengen müssen und dabei manchmal auch quengeln, werden diesen Erfolg für sich nicht haben. Kinder brauchen Bewunderung und die Bestätigung ihres Erfolges.

Ähnliche Abläufe gibt es in jeder Altersstufe, z. B. im *Kleinkindalter*: Wenn die Kinder erstmalig Treppen steigen können wie die Erwachsenen, brauchen sie deren Bewunderung. Es ist wichtig, die Begeisterung der Kinder zu teilen, wenn sie z. B. sprechen lernen und sich jetzt mit Worten verständlich machen können. Sie brauchen auch Anerkennung dafür, um zu spüren, dass es ihre eigene Leistung ist. Manche Eltern machen, ohne es zu merken, ihren Kindern den Erfolg streitig, indem sie dem Kind und anderen vermitteln: „Das habe ich meinem Kind beigebracht", und damit Anerkennung für sich selbst einfordern. Natürlich steht Eltern Anerkennung für das zu, was sie ihren Kindern geben. Aber es ist wichtig, in diesem Bereich klar zu trennen, welcher Erfolg den Kindern und welcher den Eltern zusteht.

Neue Fähigkeiten können erlernt oder entwicklungsbedingt sein. Auf körperliche Reifungsprozesse haben wir in der Regel keinen Einfluss: Es ist notwendig, diese Reifung abzuwarten, ehe wir die Anforderung an die Kinder stellen. Kinder können das für sich nicht unterscheiden, sie freuen sich und sind stolz auf ihre ‚Neuerwerbungen', unabhängig davon, ob sie nun auf Reifungsvorgängen oder auf Lernprozessen beruhen.

Ein wichtiges Beispiel für das Wechselspiel von Reifung und Lernen ist die Sauberkeitsentwicklung bzw. Sauberkeitserziehung im Kleinkindalter. Auch hier brauchen die Kinder ebenso wie ihre Eltern Erfolge. In den letzten Jahren begegnen mir hier immer mehr Probleme.

Die Kinder sind häufig wesentlich später sauber, als es ihnen möglich wäre, und viele Eltern sind darüber unglücklich, ärgerlich oder enttäuscht.

Auch hier gilt: Reifung ist im Rahmen des Normalen ein individueller Prozess. Im Alter von etwa 2 Jahre sind Kinder von der körperlichen Seite in der Regel in der Lage, Urinentleerung und Stuhlentleerung zu kontrollieren. (Wenn das gelingt, sprechen wir davon, dass die Kinder ‚trocken' bzw. ‚sauber' sind.) Das kann beides gleichzeitig der Fall sein, aber oft sind die Kinder auch zuerst trocken und dann sauber. Ebenso sind sie in der Regel früher am Tag als in der Nacht sauber und trocken: Im Wachen fällt es Kindern leichter, die volle Blase oder den Stuhldrang wahrzunehmen. Jedenfalls sollten Kinder etwa mit vier Jahren trocken und sauber sein. Wenn Kinder in ein Spiel vertieft sind, kann es ihnen aber auch dann noch passieren, dass sie nicht merken, dass sie auf die Toilette müssen, und in die Hose machen.

Auch wenn die beschriebenen Prozesse Reifungsprozesse sind, ist es notwendig, dass parallel ein Lernprozess stattfindet. Kinder brauchen Anleitung, wie und wo sie ihre Notdurft verrichten können. Es ist wichtig, dass der Ort kindgerecht eingerichtet ist, sie brauchen entweder einen Topf an einem Ort, der dafür angemessen ist – nicht in der Öffentlichkeit, denn das verletzt das Schamgefühl der Kinder. Oder wenn von Anfang an die Toilette benutzt werden soll, brauchen die Kinder einen speziellen Sitz.

Dieses Lernen sollte nicht erst dann begonnen werden, wenn der Reifungsprozess abgeschlossen ist und die Kinder es können sollten. Kinder können schon zwischen dem ersten und zweiten Lebensjahr an die Abläufe gewöhnt werden. Es ist hilfreich, sie bei jedem Auspacken aus der Windel kurz auf den Topf zu setzen (durch den Kältereiz entleeren sie oft die Blase) und ihnen bei Urin- oder Stuhlentleerung Anerkennung zu geben. Kinder brauchen auch in diesem Bereich Erfolge. Eltern können nicht erwarten, dass Kinder nun regelmäßig diese ‚Gelegenheit' von sich aus nutzen, aber es ist wichtig, ihnen die Möglichkeit zu geben. So können sie an das Ziel herangeführt werden und können entspannt lernen, wie der Ablauf stattfindet. Es ist in der Regel eine Illusion, dass Kinder, wenn der Reifungsprozess so weit ist, von diesem Zeitpunkt an ohne Anleitung zur Toilette gehen und keine Windeln mehr brauchen. Der technische Fortschritt macht es den Kindern schwerer als früher: die modernen Windeln, die dadurch, dass die Flüssigkeit sofort aufgesogen wird, hautfreundlich sind. Sie vermeiden das Empfinden des ‚Nass-Seins', das auch eine Motivation ist, zur Toilette zu gehen, statt in die Windel zu machen. Ich widme mich diesen Thema so ausführlich, da ich in den Beratungen immer wieder sehe, dass es in diesem Bereich viele Schwierigkeiten gibt und andere Themen wie Trotz, Machtkampf oder Kampf um Zuwendung darüber ausgetragen werden.

Im *kindlichen Spiel* werden Fertigkeiten entwickelt, und es wird vieles ausprobiert, sowohl im Bereich des Lernens als auch im Bereich der Beziehungen. Kinder spielen allein und machen hier ihre Erfahrungen mit Materialien, lassen sich von ihrer Phantasie leiten und probieren Unterschiedliches für sich aus. Kindliches Spiel ist ein Prozess mit Planung, Durchführung und einem Abschluss. Hier spüren die Kinder ihren Erfolg in ihrer Zufriedenheit oder ihrem Stolz. Beides zeigen sie, wenn dazu Gelegenheit ist. Hier ist die Möglichkeit, ihren Erfolg zu bestätigen und zu verstärken. Kinder nehmen im Spiel verschiedene Rollen ein und machen damit deutlich (auch den Erwachsenen), was sie bisher aufgenommen haben. Im Spiel mit anderen kommt noch die Beziehung, die soziale Komponente mit hinein. Ein typisches Spielthema bei Kindergartenkindern ist das Vater-Mutter-Kind-Spielen. In diesen Spielen verarbeiten Kinder ihre Erfahrungen, und sie üben Verhaltensweisen ein, die sie beobachtet haben. Die Anerkennung für Erfolge der Kinder bewirkt, dass sie Selbstvertrauen entwickeln. Kinder brauchen Vertrauen in sich selbst, in ihre Fähigkeiten und Handlungsmöglichkeiten.

Die Erfolge der *Schulkinder* stehen häufig im Zusammenhang mit Schulleistungen und Hausaufgaben. In der Grundschule lernen die Kinder einerseits aus der ihnen eigenen Neugier und andererseits den Lehrern oder Lehrerinnen zuliebe. In diesem Alter ist es eine Überforderung, von den Kindern zu erwarten, dass sie aus Einsicht auch Dinge lernen, für die sie sich nicht interessieren. Kinder brauchen dringend den Erfolg im Bereich Schule, weil er einen großen Teil ihres Lebens ausmacht. Es findet häufig ein ‚Hausaufgabendrama' statt, weil verschiedene Punkte nicht geklärt sind, z. B.: Was erwartet die Lehrkraft von den Eltern? Wie ist die Verantwortung zwischen den Erwachsenen und dem Kind aufgeteilt? Wo und wann sollen die Hausaufgaben gemacht werden? Der Erfolg, die Hausaufgaben selbst gemacht zu haben (auch wenn jemand dabei geholfen hat), ist notwendig für die Motivation, sie regelmäßig zu machen. Kinder brauchen Zutrauen in das, was sie gelernt haben, um auch in der Schule das, was sie gelernt haben, anbringen und verwerten zu können. Solange sie glauben, ohne ihre Mutter die verlangte Leistung nicht erbringen zu können, werden die Erfolge in der Schule ausbleiben, denn dort sind sie auf sich selbst gestellt.

Auch bei älteren Kindern ist das Verstärken von neuen Fähigkeiten notwendig und wichtig. Hier besteht die Gefahr, dass die Eltern mit ihren Kindern konkurrieren und dadurch die Möglichkeiten der Kinder abwerten, da die Fähigkeiten schon viel näher an dem sind, was Erwachsene tun. Ein gutes Beispiel ist heute das Programmieren von technischen Geräten, wo Kinder heute meistens geübter sind als die Erwachsenen. Häufig wird ihnen dafür die Anerkennung verwehrt – mit dem Argument, ihre Schulnoten seien schlecht oder ihr Zimmer unaufgeräumt. Kinder brauchen Anerkennung für das, was sie können, auch wenn sie manche Dinge, die sie machen sollen, nicht gemacht haben. Es ist wichtig, auch Dinge anzuerkennen, die Sie selbst vielleicht nicht können oder nicht für wichtig halten. Anerkennung für neu erworbene Möglichkeiten gibt Motivation, weiterhin Neues auszuprobieren, neue Erfahrungen zu machen und damit die Fähigkeiten zu erweitern.

Was Eltern tun können

> Haben Sie Zutrauen in die Fähigkeiten ihrer Kinder. Geben Sie Ihren Kindern Anleitung, wie sie Dinge machen können.

Grenzen schaffen Geborgenheit

Jeder Mensch hat verschiedene Persönlichkeitsanteile, die eine Einheit bilden. Diese Einheit besitzt eine Grenze zur Umwelt, die – so stellen wir uns das modellhaft vor – unterschiedlich durchlässig sein kann. Diese Durchlässigkeit wird bestimmt von der Persönlichkeit und von den Erfahrungen, die jemand in Bezug auf seine Grenzen gemacht hat. Wie weit sich jemand öffnet, sollte in Bezug zur Situation und zum Gegenüber stehen. Unter Abgrenzung wird häufig Zurückweisung des anderen verstanden. Ich meine hier damit, dass jemand seine eigene Grenze wahrt und damit vermeidet, dass ihm oder ihr ein anderer zu nahe tritt.

Zur kindlichen Entwicklung gehört es, die eigenen Grenzen kennenzulernen, um sie wahren zu können – und dazu gehört auch die Erlaubnis, sie zu wahren. Es ist auch notwendig, die Grenzen anderer zu bemerken und sie zu respektieren sowie zu lernen, den notwendigen oder situationsgerechten Abstand zu halten. Im Folgenden werde ich die Erfahrungen beschreiben, die Kinder brauchen, um ihre Grenzen zu spüren und die anderer wahrzunehmen.

Kinder brauchen genügend eigenen Raum

Kinder brauchen nicht nur (wie schon beschrieben) im übertragenen Sinne ihren Platz im Herzen der Bezugspersonen, sondern auch Raum im wörtlichen Sinn. Beispielsweise gibt ihnen ihr eigener Platz in der Wohnung Sicherheit, Schutz und Geborgenheit. Dabei kommt es nicht auf die Größe des Raumes an, sondern darauf, dass dieser Platz festgelegt und ihnen damit sicher ist. Kinder brauchen die Gewissheit z. B. darüber, wo ihr Platz zum Schlafen ist oder an welchem Ort sie spielen, lesen und träumen können. Die Bedeutung des Themas Platz für Kinder wird in der Gesellschaft unterschätzt; dies wird auch an Wohnungsplänen deutlich, die in der Regel die kleinsten Zimmer als Kinderzimmer vorsehen.

Schon ein *Säugling* braucht seinen eigenen Platz; das kann z. B. eine Ecke in einem Zimmer sein mit einem Bett oder Stubenwagen und einer Wickelkommode. Dies ist meistens alles vorhanden, wird aber häufig nicht regelmäßig benutzt; sondern ich sehe es immer wieder, dass Kinder irgendwo auf der Couch oder auf dem Fußboden gewickelt werden. Dies ist nicht grundsätzlich ein Problem, denn wenn Sie mit ihrem Kind unterwegs sind, ist dies oft notwendig. Zu Hause sollten Sie mit dem Kind jedoch (wie schon gesagt) Gewohnheiten entwickeln. Durch die Säuglingsforschung weiß man, dass auch Säuglinge schon viel mehr (wieder)erkennen und wissen, als man früher annahm. Das bedeutet, dass auch das Baby sich schon darauf einstellen kann, was als Nächstes stattfinden wird. Vorhersagbarkeit (in der Regel) und Vertrautheit ermöglichen den Kindern, sich sicher und geborgen zu fühlen. Eltern richten häufig schon vor der Geburt des Kindes ein Kinderzimmer ein. Dabei ist es wichtig zu überlegen, welches Zimmer einer Wohnung dafür geeignet ist. Es sollte in der Nähe des Schlafzimmers der Eltern sein, damit diese das Kind nachts hören können.

In diesem Bereich ist das Baby-Phon ‚Segen' und ‚Fluch' zugleich. Es ist angenehm und wichtig, z. B. im Hotel zum Essen gehen zu können und dabei sicher zu sein, dass man das Kind hören kann. Es wird aber leider oft auch als ‚Überwachungsgerät' eingesetzt, einerseits, um alles, was das Kind tut, mitzubekommen, und andererseits, um auch in der Wohnung ganz sicher zu sein, dass man das Kind hört. Vertrauen Sie darauf, dass Sie ihr Kind hören, wenn es Ihnen wichtig ist, es zu bemerken.

Viele *Kleinkinder* schlafen gerne mit den Geschwistern in einem Zimmer. Heute sind die Wohnungen häufig so groß, dass jedes Kind ein eigenes Zimmer haben kann. Aber oft kommt es vor, dass die Kinder sich dort einsam fühlen. Kinder beklagen sich manchmal, dass die Eltern zu zweit in einem Zimmer schlafen dürfen, wohingegen sie jeder allein in einem Zimmer schlafen müssen. Dann ist es überlegenswert, die Kinder in einem Zimmer schlafen zu lassen; tagsüber haben sie meistens gerne ein eigenes Reich. Dieser Platz muss nicht groß sein, wichtig ist, dass er klar definiert ist und dem Kind dann zur Verfügung steht, wenn es ihn nutzen möchte. Kleinkinder spielen noch gerne in der Nähe der Mutter, wenn sie nicht an der Arbeit, die die Mutter gerade tut, teilnehmen. Die Kinder brauchen es noch, dass sie die Mutter hören oder sehen können. Überlegen Sie sich einen Platz, der als Spielecke geeignet ist.

Kinder müssen sich auch darüber im Klaren sein, welches die Räume sind, die von der ganzen Familie genutzt werden dürfen, und welche Räume beispielsweise allein den Eltern vorbehalten sind, wie üblicherweise das Schlafzimmer der Eltern. Sie müssen wissen, wo sie mit Freunden spielen können, wenn sie andere Kinder einladen dürfen.

Am Ende des Kindergartenalters oder zu Beginn des *Grundschulalters* fangen Kinder an, Freunde auch über Nacht einladen und auch bei Freunden übernachten zu wollen. Für Kinder ist es schön, wenn Eltern ihnen dies möglich machen können. Es ist nicht so schwierig, den Platz dafür zu schaffen, eine einfache Matratze reicht dafür oft aus.

Mit zunehmendem Alter der Kinder wächst auch das Bedürfnis nach einem abgeschlossenen eigenen Raum, in dem sie ohne Beobachtung durch die Eltern ihren Beschäftigungen nachgehen, Hausaufgaben machen, Musik hören, basteln, lesen und spielen können.

Beispiel: Ein 10-järiges Mädchen sollte nicht mehr mit dem jüngeren Bruder in einem Zimmer schlafen. So entschieden die Eltern, dass dieses Mädchen nun in einem Durchgangszimmer (durch das auch die Gäste der Eltern gehen mussten) schlafen sollte, obwohl genügend Räume in der Wohnung vorhanden waren, wie ein Arbeitszimmer für den Vater, das er nur gelegentlich benutzte.

Dieses Beispiel zeigt, dass die Eltern nicht darauf geachtet haben, dass ein abgeschlossenes Zimmer für die Geborgenheit der Kinder notwendig ist, vor allem dann, wenn alle anderen Familienmitglieder einen abgeschlossenen Raum bewohnen können. Die Eltern dieses Mädchens haben das Bedürfnis nach einem abgeschlossenen Zimmer nicht ernst genommen. Als erwachsene Frau erinnerte sie diese Situation noch als sehr unangenehm, derart ‚in der Öffentlichkeit' schlafen zu müssen.

Wenn Kinder ein eigenes Zimmer zur Verfügung gestellt bekommen, sollten Eltern diesen Raum als den der Kinder respektieren und ihnen im Rahmen der Möglichkeiten auch Gestaltungsfreiheit gewähren.

Der Platz im übertragenen Sinn meint, dass Kinder es für ihre Sicherheit brauchen, dass Eltern sie in ihre Überlegungen mit einbeziehen und die Kinder nicht als lästiges Anhängsel betrachten, das man eben auch noch mit einplanen muss.

Was Eltern tun können

Eltern können Platz für ihre Kinder bewusst einplanen und ihn dann auch so nutzen, denn häufig wird er zweckentfremdet und steht dadurch den Kindern nicht zur Verfügung.

Diese Entscheidungen sollten nicht ‚für immer' getroffen werden; Änderungen sollten je nach den Bedürfnissen von Kindern und Eltern möglich sein. Die Kinder können in diese Diskussion mit einbezogen werden.

Kinder brauchen das Gefühl, angenommen zu sein

Kinder brauchen die Akzeptanz durch ihre Bezugspersonen. Mit Akzeptanz ist gemeint, dass sie als Person, die sie sind, wertgeschätzt und ernst genommen werden.

Das bedeutet auch, dass ihre Grenzen respektiert werden. Aus der Weise, wie sie behandelt werden, entwickeln Kinder ihr Bild von sich selbst: Wenn sie wenig Akzeptanz erleben, wird es für sie auch schwierig, sich selbst zu akzeptieren.

Ich höre häufig abwertende Äußerungen über Kinder wie: ‚Es ist ja nur ein Kind, das vergisst das schnell wieder', ‚Nach Kindern muss man sich nicht richten' oder ‚Das versteht es noch nicht'.

Alle Äußerungen Kindern gegenüber haben Wirkung, auch wenn oft keine direkte Reaktion erfolgt. Ein Kind ist ein gleichwertiges Gegenüber, auch wenn es von den Eltern abhängig ist. Die Abhängigkeit wird deutlich in der geringeren Erfahrung, dem geringeren Wissen und der noch nicht ausgereiften Persönlichkeit, sie schmälert aber nicht den Wert eines Menschen. Auch bei Erwachsenen gibt es Abhängigkeiten, denn auch sie können nicht alles können und sind auf andere angewiesen. Wie schon beschrieben, hat das Beispiel, das die Eltern geben, Wirkung: sie zeigen durch das eigene Verhalten ihren Kindern, wie Menschen wertschätzend miteinander umgehen können.

Eltern können nur dann erwarten, von ihren Kindern geachtet und wertgeschätzt zu werden, wenn sie dieses untereinander tun und auch ihre Kinder achten. Kinder, die wertgeschätzt und geachtet werden, können sich selbst auch wertschätzen und achten.

Beispiel: Eine Mutter sortiert das Spielzeug ihrer 6-jährigen Tochter und entscheidet, was sie wegwirft, ohne dies mit ihr zu besprechen. Die Tochter kommt von der Schule nach Hause und sieht ihr sorgfältig aufgeräumtes Zimmer. Sie weint und ist unglücklich, dass ihre ihr so wichtigen Spielsachen nicht mehr da sind, sie freut sich nicht, wie die Mutter es erwartet hätte, dass ihr Zimmer so schön aussieht.

In diesem Beispiel wird deutlich, dass die Mutter in ihrem Wunsch nach Ordnung die emotionale Bedeutung des Spielzeugs ihrer Tochter nicht erkennt und damit das Bedürfnis des Kindes, selbst zu entscheiden, was aussortiert wird und was aufgehoben werden soll, nicht respektiert. Sie verletzt dadurch die Grenzen des Kindes. Denn eine Mutter kann nicht wissen, welche emotionale Bedeutung ein Spielzeug noch hat und ob das Kind bereit ist, sich davon zu trennen. Der zweite wichtige Punkt ist der, dass Kinder eine eigene Art der Ordnung haben. Sie sortieren ihre Dinge ganz anders, als Erwachsene es tun würden. Daher sollten Sie Ihren Kindern ermöglichen, dass sie ihre Ordnung einhalten können.

Kinder als Person anzunehmen und wertzuschätzen bedeutet nicht, dass Sie jedes Verhalten von Kindern gut finden müssen und alles, auch Schwieriges, ertragen. Ich unterscheide, wer jemand ist und wie jemand handelt. Es ist möglich, ein Kind als Person zu akzeptieren, auch wenn es Dinge tut, die nicht angemessen oder auch verletzend sind.

Beispiel: Ein 4-jähriger rennt wütend auf die Mutter zu und schlägt sie, weil sie ihm verboten hat, die Wände zu bemalen.

Es ist notwendig, dass die Mutter sich gegen das Geschlagenwerden wehrt und dem Sohn sagt und zeigt, dass sie dieses Verhalten ablehnt und nicht möchte. Diese

Mutter respektiert ihr Kind, sie macht deutlich, dass sie nicht geschlagen werden möchte. Weiterhin ist es für das Kind hilfreich, wenn die Mutter ihm Vorschläge macht, was er denn tun könnte, um seinen Ärger auszudrücken. Kindern wird häufig nur das verboten, was sie nicht tun sollen, ohne ihnen zu sagen, was sie denn statt dessen tun können. Eine positive Anweisung oder Empfehlung ist wesentlich wirkungsvoller und wird daher leichter eingehalten als eine Reihe von Verboten.

Es gibt Mütter, die in einer solchen Situation ihrem Sohn vorzuwerfen, was er doch für ein schlimmes Kind sei; oft wird so etwas mit der Drohung kombiniert, dass so doch wohl später nur ein schlechter Mensch aus ihm werden könne. Diese Mütter beziehen sich auf ihr Kind als Person und nicht auf das Verhalten, das im Grunde das ist, was sie ablehnen. Darauf werden Kinder nicht damit reagieren, dass sie ihr Verhalten in der gewünschten Weise ändern. Sie werden vielmehr gekränkt sein und eher weiterhin provozieren.

Missachtung, die Eltern ihren Kindern entgegenbringen, ist diesen oft nicht bewusst. Hier zur Erläuterung ein Dialog zwischen Mutter und Sohn, den ich einmal zufällig mitgehört habe:

Eine Mutter und ihr Sohn kommen bei einem Spaziergang an einen schmalen flachen Bach. Der Junge steigt in das Bachbett. (Er hat Gummistiefel an.)
Mutter: „Muss das jetzt sein?!"
Junge: „Ja!"
Mutter. „Die Mama hat doch schon so viel Wäsche!"
Der Junge gibt keine Antwort und spielt weiter im Bachbett.

Mutter: „Das muss doch nicht sein!"
Nach kurzer Zeit:
Mutter: „Komm, jetzt wir gehen weiter!" (ärgerliche Stimme)

Dieser Dialog zeigt, wie diese Mutter an ihrem Sohn vorbeiredet. Sie stellt eine Frage, die der Junge auch als Frage auffasst und beantwortet. Aus der Reaktion der Mutter auf die Antwort wird deutlich, dass sie ihre Frage gar nicht als solche gemeint hat. Ihre in harschem Ton formulierte Frage sollte offensichtlich eine Anweisung sein, der Sohn solle nicht in den Bach steigen. Sie schickt einen zweiten Vorwurf nach, in dem sie dem Jungen unterstellt, er würde sich ganz sicher dreckig machen und sie würde dadurch mehr Wäsche haben (es ist sicher schon öfter so gewesen). Es folgt noch ein dritter Vorwurf, den der Junge wie auch den zweiten ignoriert. Er kennt sicher diese Art der Kommunikation. Die Mutter fordert ihn dann in ärgerlicher Weise auf weiterzugehen. Er folgt dieser direkten und ärgerlichen Aufforderung. Bei einer Betrachtung dieser Kommunikation im Detail wird deutlich, dass die Mutter die Antwort des Jungen nicht respektiert, da sie sich sicher nicht bewusst darüber war, dass sie ihren Vorwurf in die Form einer Frage gekleidet hatte und überhaupt darüber, dass sie eine Reihe von Vorwürfen gemacht hatte.

Viele Eltern beklagen, dass sie mit dem, was sie sagen, bei ihren Kindern so wenig Wirkung haben. Die unbewussten Vorwürfe sind eine häufige Ursache dafür, ebenso auch das Ignorieren von Antworten, die die Kinder geben. Eine solche Kommunikation endet durch die fehlende Akzeptanz für beide unbefriedigend. Eine weitere Schwierigkeit besteht häufig darin, dass Eltern den Anspruch, den sie oft an sich selbst haben, nämlich alles auf einmal ganz anders zu machen, auch an ihre Kinder stellen.

Im Umgang mit Kindern ist es wichtig, ihnen nicht an einer Situation ‚das ganze Leben' erklären zu wollen. Es ist auch für Eltern hilfreich, Situationen zum Verständnis und auch für Veränderungen in Teilaspekte zu ‚zerlegen', um dann Änderungen einzuleiten. Denn es ist wesentlich leichter, kleine Dinge zu ändern, als gleich ganz große Schritte zu machen.

Die Akzeptanz betrifft auch die persönlichen Bereiche der Kinder wie Gedanken, Ideen und Kontakte zu anderen. Die Veränderungsprozesse der Kinder hin zu mehr Selbständigkeit sind für Eltern oft schwer nachzuvollziehen und zu akzeptieren – vor allem dann, wenn die Kinder nicht mehr all das, was sie beschäftigt, den Eltern anvertrauen. Sie besprechen dann vieles mit ihren Freunden oder Freundinnen oder vertrauen ihre Gedanken ihrem Tagebuch an. Es gibt immer wieder Eltern, die die Tagebücher ihrer Kinder lesen – in der Vorstellung, sich durch mehr Informationen im Umgang mit dem Kind sicherer zu fühlen. Ich denke, es ist wichtig, Tagebücher als das ‚Eigene' der Kinder zu respektieren und nicht zu lesen, selbst wenn sie unverschlossen herumliegen.

Für mich besteht eine Ausnahme dann, wenn irgendeine Gefahr für das Leben oder die Gesundheit droht wie Selbstmordgedanken oder Drogenmissbrauch.

Die Achtung vor dem anderen, hier vor den Kindern und Jugendlichen als individuellen Personen in ihrer persönlichen Eigenart, wird auch in der direkten Kommunikation mit ihnen deutlich. Mit direkter Kommunikation meine ich: das Kind direkt ansprechen, es dabei anschauen und im Inhalt klar und eindeutig sein. Klare Aufforderungen und direkte Anweisungen helfen Kindern, die Dinge zu tun, die von ihnen erwartet werden. Eltern dürfen auch sagen, was ihnen gefällt, und auch, was ihnen nicht gefällt.

Viele Eltern klagen, dass die Kinder nicht hören oder nicht auf das reagieren, was sie sagen. Ein Teil der Ursache kann darin liegen, dass die Eltern nicht klar ausdrücken, was sie erwarten oder was ihnen wichtig ist. Wenn das Kind auch dann nicht reagiert, hilft es, einen weiteren Kanal der Aufmerksamkeit hinzuzunehmen und z. B. das Kind anzufassen und zu sagen: „Ich spreche gerade mit Dir, hör mir zu und antworte mir." ,Wegzuhören' allein gelingt leichter als ,wegzuhören' und dem Blickkontakt auszuweichen und die Berührung zu ignorieren. Auch nachzufragen, weshalb das Kind nicht reagiert, und die Antwort ernst zu nehmen kann eine Änderung möglich machen.

Akzeptanz gegenüber den Kindern wird auch deutlich, wenn die Eltern sie dem Alter entsprechend in Diskussionen und Entscheidungen einbeziehen. Dies kann die Tagesgestaltung am Wochenende, die Urlaubsplanung oder die Höhe des Taschengeldes betreffen.

Was Eltern tun können

Wirksam ist die Akzeptanz dann, wenn Eltern von dem, was sie sagen oder tun, überzeugt sind und es auch vermitteln. Wenn jemand es nur ,gelernt' weitergibt, wird es wirkungslos bleiben.

Beziehen Sie ihre Kinder in Entscheidungen, die dafür geeignet sind, mit ein.

Sagen Sie Ihren Kindern, was Sie von ihnen erwarten.

Konsequenter Umgang ist wesentlich für Geborgenheit

Konsequenter Umgang mit Kindern bedeutet für mich, dass die Eltern sich Gedanken machen über die Erziehung, dass sie sich Informationen beschaffen und dass sie sich dabei auch entscheiden, wie und an welchen Punkten sie es für sinnvoll und notwendig halten, ihre elterliche Autorität zur Geltung zu bringen. Hier meine ich nicht autoritären, bestimmenden Umgang mit den Kindern. Kinder brauchen Anleitung und Führung sowie Eindeutigkeit im Verhalten der Eltern. Das macht auch deutlich, dass der Stil des ‚laissez faire' für Kinder ungünstig ist. Bei diesem Erziehungsstil sollen die Kinder möglichst wenig eingeengt werden, so dass sie überwiegend das tun können, was ihnen wichtig ist und gefällt. Die Kinder sind dabei oft für lange Zeit auf sich gestellt und dadurch oft verunsichert. Ihre Spontaneität kann viel Raum einnehmen.

Der konsequente Umgang mit Kindern ermöglicht ihnen das Gefühl von Sicherheit und Geborgenheit. Zur konsequenten Erziehungshaltung gehören eindeutige Absprachen und Regeln wie auch Informationen über das, wie sich Eltern das Zusammenleben mit ihren Kindern vorstellen. Zur Konsequenz gehört auch, dass Regeln und Absprachen nicht nur verabredet, sondern auch eingefordert werden, falls sich die Kinder nicht danach richten.

Ein konsequenter Umgang mit Kindern setzt voraus, dass sie als Gegenüber akzeptiert und dass ihre Grenzen respektiert werden.

Zunächst sollte man sich Gedanken über den Umgang mit Kindern machen, denn wenn Eltern Einstellungen haben wie: ‚Das wird schon werden' oder ‚Es sind noch alle groß geworden' oder ‚Kinder erziehen sich gegenseitig', wird deutlich, dass sie wenig Vorstellungen darüber entwickelt haben, was ihnen persönlich wichtig ist und auch darüber, was für Kinder notwendig ist.

Leider lesen manche Eltern auch ‚zu viel' über Erziehung, sie versuchen sich dann oft nach all dem zu richten, was sie gelesen haben und sind dann frustriert, wenn es nicht gelingt. Durch die Fülle wissen und spüren sie nicht mehr, was sinnvoll ist und was zu tun ihnen entspricht.

Das Einhalten der Absprachen und Regeln fällt vielen Eltern sehr schwer, sie kommen sich dabei oft sehr streng vor. Es kommt ihnen einfacher vor, die Dinge nicht einzufordern, sondern sie laufen zu lassen. Dies hat Folgen für Eltern und Kinder. Eltern ärgern sich in der Regel, wenn die Kinder sich nicht an die Verabredungen halten. Die Kinder sind verunsichert, weil sie nicht wissen und merken, was denn nun gilt. Außerdem wird es dadurch für die Zukunft schwerer, denn Kinder können (vor allem dann, wenn solche Inkonsequenz öfter vorkommt) den Glauben entwickeln: ‚Ich muss mich an die Dinge gar nicht halten.' Dann wird es für Eltern wesentlich anstrengender, die Konsequenzen durchzuhalten. Die Kinder werden öfter die Regel nicht einhalten, weil die Eltern sich an die selbst gestellte Regel, Konsequenzen folgen zu lassen, nicht gehalten haben.

Kinder brauchen auch die Information darüber, wo sie eine Entscheidungsfreiheit haben. Absprachen und Regeln müssen nicht Strenge bedeuten. Eltern sind dann streng, wenn sie sehr viele und ganz enge Regeln aufstellen und den Kindern dadurch wenig erlauben.

Auch hier geht es nicht um einen perfektionistischen Anspruch, in ‚allen' Situationen konsequent zu sein. Überlegen Sie sich, welche Bereiche Ihnen wichtig sind. Hier gibt es zwei hauptsächliche Schwerpunkte:

- *Punkte, die mir für meine Kinder wichtig sind*, um sie zu fördern, wie z. B. das Einhalten der Zeiten, zu denen sie zu Hause sein sollen
- *Punkte, die für mich selbst wichtig sind*, z. B. dass ich von meinen Kindern nicht geschlagen werden will.

Zur Konsequenz gehört es auch, zu verabreden, welche Folgen ein Nichteinhalten der Verabredungen haben wird. Je älter die Kinder sind, desto intensiver können sie am Aufstellen der Regeln und an den Absprachen beteiligt sein sowie am Bestimmen der Konsequenzen. Kinder sind oft wesentlich strenger als Erwachsene. Es ist wichtig, ihre Strenge nicht zu übernehmen.

Kinder werden immer wieder überprüfen, ob ihre Eltern konsequent sind, und erst wenn sie davon überzeugt sind, werden sie eine Konstanz in der Einhaltung der Regeln zeigen.

Es ist hilfreich, früh mit der Konsequenz anzufangen.

Beispiel: Eine Mutter bringt ihr $1^1/_2$-jähriges Mädchen mit in die Gruppentherapie. Das Kind möchte verständlicherweise herumlaufen, dies ist für das Mädchen erlaubt. Sie darf aber in zwei Ecken des Raumes nicht gehen, weil dort technische Geräte stehen, mit denen sie nicht spielen soll. Ich sagte und zeigte dem Mädchen, dass sie dort nicht hingehen darf. Sie probierte mehrfach, ob ich auf der Einhaltung dieser Regel auch bestehe. Sie reagierte verständlicherweise auch mit Ärger auf mein ‚nein' bzw.

auf das Hochheben und Wegtragen. Nach einigen Malen akzeptierte sie die Regel, sie ging noch ihren Kopf schüttelnd in den Bereich, fasste auch noch hin, aber entfernte sich dann wieder.

Dieses Ausprobieren, ob das Einhalten der Regeln eingefordert wird, wird häufig als ‚Austesten der Grenzen' beschrieben. Ich würde jedoch einen Unterschied machen, ob man ‚an Grenzen geht' oder ob man ausprobiert, ob eben das Einhalten der Regel eingefordert wird.

Eltern kommen dann häufig an die Grenze ihrer Möglichkeiten, wenn die Kinder die Regeln überschreiten, weil die Eltern inkonsequent sind, oder wenn sie aus anderen Gründen provozieren. Eltern beschreiben ihre Grenze oft so, dass sie sich über ihre Kinder ärgern und Gefahr laufen, sich ihren Kindern gegenüber so zu verhalten, wie sie es im Grunde nicht wollen. Sie strafen und schlagen dann möglicherweise die Kinder, weil sie keine andere Möglichkeit mehr sehen, die Einhaltung von Regeln einzufordern. In diesem Fall des Schlagens würden sie die Grenze verletzen, die sie sich selbst gesetzt haben, nämlich ihre Kinder nicht zu schlagen. Gewalt ist eine Grenzverletzung und Kränkung der Kinder und fügt ihnen dadurch Schaden zu.

Der Unterschied, den ich zwischen Konsequenz und Strafe mache, ist der, dass Konsequenz eine bekannte Folge für bestimmtes Verhalten ist. Eine Strafe dagegen geben Eltern, wenn sie ohne vorherige Ankündigung oder Verabredung schimpfen, Strafarbeiten aufgeben oder schlagen. Bei dieser Bedeutung des Begriffs Strafe bleibt dem Kind keine Wahlmöglichkeit, es ist an diesem Punkt dem Strafenden ausgeliefert. Bei der Konsequenz hat das

Kind die Wahl: Nehme ich die Konsequenz in Kauf oder richte ich mich nach dem Verabredeten?

Konsequentes Verhalten wird von vielen Eltern als anstrengend angesehen; die Erfahrung zeigt aber, dass inkonsequentes Verhalten mehr Mühsal zur Folge hat. Kinder, die tun, was immer ihnen einfällt und weder Regeln einhalten noch Grenzen respektieren, sind anstrengend und provozieren beim Gegenüber viel Ärger.

Was Eltern tun können

Wenn Sie dies lesen, hadern Sie nicht mit sich, dass Sie zu inkonsequent seien, sondern überlegen Sie sich einzelne Punkte, bei denen Sie in Zukunft konsequent sein wollen. Informieren Sie Ihr Kind oder Ihre Kinder darüber, denn diese sind sonst überrascht und verunsichert über die unerwartete Veränderung. Kündigen Sie nichts an, wenn Sie nicht sicher entschlossen sind, auch wirklich etwas zu verändern.

Eltern sind die ersten Vermittler von Geborgenheit

Wenn ich hier von Eltern schreibe, meine ich sowohl die leiblichen Eltern als auch andere wichtige Bezugspersonen, wie z. B. Partner von Müttern, Partnerinnen von Vätern, Adoptiveltern, Tagesmütter, Pflegeeltern und Großeltern (wenn sie mit großen Anteilen der Erziehungsaufgaben betraut sind).

Viele Menschen wünschen sich eigene Kinder. Dieser Wunsch ist von verschiedenen Aspekten bestimmt, wie z. B.:

- das Kind als Ausdruck von Gemeinsamkeit
- das Bedürfnis, für jemanden zu sorgen
- der Wunsch, Kindern etwas mitzugeben, z. B. eine Lebenseinstellung oder Erfahrungen, ein Haus oder einen Betrieb
- der Wunsch, an einer Entwicklung teilzuhaben, sie nach eigenen Wünschen und Vorstellungen zu beeinflussen oder den eigenen Kindern bessere Möglichkeiten zu bieten als die, die man selbst gehabt hat
- der Wunsch, Freude, Lebendigkeit, Unbefangenheit und Unbeschwertheit im Umgang mit Kindern zu erleben
- die Erhaltung der Menschheit, der Sippe, des Namens.

Leider erleben viele Eltern die Situation mit ihren Kindern nicht so bereichernd, wie sie es sich gewünscht haben, obwohl sie für ihre Kinder da sind, obwohl sie sich über die Erziehung Gedanken gemacht haben, obwohl sie doch ‚alles' für ihre Kinder tun.

Die Erfahrung zeigt, dass viele Eltern oft nur ihre Kinder im Blick haben und sich selbst aus den Augen verlieren. Daher ist es mir ein Anliegen, dass Eltern sich die Zeit nehmen, sich mit sich selbst zu beschäftigen, hier mit dem Ziel, sich den Umgang mit ihren Kindern befriedigend zu gestalten. Dadurch können sie den Boden für eine gute Entwicklung ihrer Kinder bereiten. Engagierte Eltern informieren sich über das, was Kinder brauchen, wie sie mit ihren Kindern umgehen können, über Kinderentwicklung, Ernährung usw. Leider fragen Eltern sich selten: „Was brauchen wir, um unseren Kindern gerecht zu werden?" Ich halte diese Überlegung für ausgesprochen wichtig, denn um für Kinder angemessen dasein zu können, ist es notwendig, dass Eltern ihre eigenen Bedürfnisse ernst nehmen und nach Möglichkeit erfüllen. Denn Menschen, die mit sich selbst im Einklang sind, können für andere offen sein und für andere dasein, ohne sich zu verausgaben. Ein Problem, das ich häufig erlebe, sind erschöpfte Eltern, denen die Kraft fehlt, noch weiter in einer guten Weise für ihre Kinder dazusein. Eltern sind für sich verantwortlich. Damit meine ich, dass sie selbst für ihr Wohlergehen sorgen und nicht Erwartungen an die Kinder knüpfen, dieses Wohlergehen herbeizuführen.

Dazu sind für mich die folgenden Themenkreise von Bedeutung:

Herkunft und eigene Geschichte sind bedeutsam

Die eigene Kindheit der Eltern beeinflusst wesentlich den Umgang mit ihren Kindern. Jeder von uns entwickelt aus dem, was er erlebt hat, ein Bild von sich selbst, wobei Anteile dieses Bildes von uns selbst uns oft nicht bewusst sind. Diese Sichtweise von Menschen über sich selbst wird von den ersten wichtigen Bezugspersonen mitbestimmt und später verfestigt oder erweitert. Wir entwickeln nicht nur Überzeugungen über uns, sondern auch darüber, wie andere Menschen sind, und dazu gehören auch Kinder. Hier ist es hilfreich, sich zu überlegen: ‚Wie sehe ich Kinder aufgrund dessen, was ich erlebt habe?' – und dies zu unterscheiden von dem Wissen, das ich mir über Kinder angeeignet habe. Im Umgang mit den Kindern spielen nicht nur die Überzeugungen über Kinder eine Rolle, sondern auch solche, die Kinder direkt und indirekt betreffen, also die Vorstellungen von Dingen wie: ‚Eltern sein', ‚Familienleben', ‚Kinder haben' ‚Verhältnis des Vaters oder der Mutter zu den Kindern'. Im Folgenden trage ich beispielhaft einige Überzeugungen zusammen:

- *Eltern:* wir sind gewährende Eltern – wir können gut mit Kindern umgehen – wir lieben unsere Kinder – wir sind bessere Eltern als andere – wir werden dann endlich etwas Eigenes haben – Eltern haben Macht / Eltern sind machtlos – Eltern sind ihren Kindern ausgeliefert – Eltern haben die Verantwortung für ihre Kinder – Kinder sind eine gute Lebensversicherung – Eltern müssen immer einer Meinung sein
- *Familienleben:* Elternschaft bedeutet glücklich sein –

nach der Geburt eines Kindes sind alle Probleme in der Partnerschaft gelöst – mit einem Kind kann man Partner oder Partnerin an sich binden – das Leben mit Kindern ist anstrengend und mühsam – eine Familie zu haben bedeutet, finanzielle Opfer zu bringen – durch die Gründung einer eigenen Familie kann die Familientradition weitergeführt werden

- *Vater oder Mutter:* ich bin jemand, der gut Kontakt zu Kindern bekommt – ich spiele gerne – ich bin ungeduldig – ich liebe es, wenn etwas los ist – ich bin eine Mutter für Söhne, nicht für Töchter
- *Kinder:* Kinder sind klein, brav und kuschelig – Kinder sind rebellisch und trotzig und dadurch schwer zu handhaben – meine Kinder sind einzigartig und werden mehr erreichen als ich – Kinder gehören den Eltern – Kinder sind bösartig, wenn sie nicht machen, was die Eltern verlangen – Kinder sind lebenslustig – Kinder sind ‚kleine Ungeheuer', die ihre Eltern aussaugen.

Sieht jemand Kinder als „kleine Ungeheuer", die ihre Eltern aussaugen, oder als liebe kleine Kuschelwesen, die das Leben verschönern, wird er sich den Kindern unterschiedlich nähern, vermutlich einmal mit großer Vorsicht und im anderen Fall mit dem Wunsch nach Körperkontakt. An diesen beiden extremen Überzeugungen sehen Sie, dass dies das Handeln als Eltern massiv bestimmen wird. Selbstverständlich sind nicht alle Überzeugungen über Kinder so krass. Aber es ist trotzdem wichtig, sie sich deutlich zu machen, da sie Wirkung auf die Kinder haben.

Im folgenden Bild, das eine Mutter zeichnete, wird deutlich, wie sehr sie sich als durch ihre Kinder eingeengt und eingesperrt empfindet.

Diese Überzeugung, durch die Kinder eingeengt zu sein, bewirkte bei dieser Mutter, dass sie ihren Kindern häufig feindselig gegenübertrat. Das war ihr nicht bewusst. Sie wunderte sich nur immer wieder, dass ihre Kinder sich ihr gegenüber so oft rechtfertigten oder verteidigten, obwohl sie glaubte, ihnen dafür keinen Anlass gegeben zu haben. Dadurch, dass sie es erkannte und anfing zu überlegen, in welchen Bereichen ihre Kinder sie real einengten, war sie nicht mehr feindselig. Sie konnte dann auch die Bereiche, in denen sie frei war, sehen und spüren. Dies ist auch ein wichtiges Beispiel dafür, dass das Verhalten der Eltern für die Kinder bedeutsamer ist als das, was sie sagen. Das bedeutet: Sie richten sich in der Regel mehr nach dem, was die Erwachsenen ihnen vorleben, als nach dem, was die Eltern ihnen sagen – wenn beides nicht übereinstimmt.

Beispiel: Eltern sagen ihren Kindern, sie sollen nicht so viel fernsehen. Sie selbst sitzen aber jeden Abend vor dem Fernsehgerät und erwarten trotzdem von den Kindern, dass diese sich anders beschäftigen. Diese Kinder werden immer wieder versuchen, auch fernzusehen und nicht, wie die Eltern es wünschen, sich anders beschäftigen.

Dieses Beispiel zeigt, wie sich Eltern manchmal sabotieren, ohne dass es ihnen selbst auffällt.

Eine weitere Folge dieser Überzeugungen kann sein, dass innere Spannungen entstehen, wenn das, was man sich früher einmal vorgenommen hat, nicht zu dem passt, was man als Erwachsener entschieden hat.

Beispiel: Ein Vater sagte zu sich als Kind: „Ich werde später, wenn ich einmal Kinder habe, mit ihnen spielen, wenn ich von der Arbeit komme, denn ich bin traurig, dass mein Vater das nicht tut." Er hat für sich nun den Anspruch, dies jeden Abend zu tun, wenn er vom Dienst kommt. Er widmet sich seinem Kind, weil er sich das so vorgenommen hat. Seine berufliche Belastung wird stärker, er folgt seinem Entschluss, obwohl er, wenn er nach Hause kommt, müde und abgespannt ist. Er gönnt sich keine Entspannung, er ist oft ungeduldig mit dem Kind. Das Kind mag gar nicht mehr mit dem Vater spielen, er spürt dies und stellt enttäuscht seine Aktivität ein. Er macht sich Vorwürfe, dass er das, was er sich vorgenommen hat, mit seinem Kind nicht durchhält. Durch seinen Anspruch versetzt er sich in Spannung und kann dadurch auch dem Kind nicht mehr gerecht werden.

Dieser Ablauf könnte unterbrochen werden, wenn dieser Vater seinen Anspruch, den er an sich hat, nicht zur Regel machen würde. Es ist sinnvoll, wenn Eltern sich nicht starr nach selbstgesetzten Regeln richten, sondern auch nach den eigenen Bedürfnissen und Wünschen ihre Entscheidungen treffen. Das betrifft auch den Zeitpunkt, zu dem man etwas tut. Dieser Vater könnte die Entscheidung treffen (und das auch mit seiner Partnerin besprechen), dass er sich zuerst eine Erholungspause gönnt oder gleich mit dem Kind spielt, je nachdem, wie angestrengt er ist. Dann kann dem Kind das Spielen auch Spaß machen, so dass beide eine angenehme Erfahrung machen können. Leider haben viele Eltern die Vorstellung, dass sie ihre Kinder vernachlässigen würden, wenn sie die eigenen Bedürfnisse und Wünsche ernst nehmen und berücksichtigen würden. Wie dieses Beispiel zeigt, ist es eher umgekehrt.

Die eigene Kindheit von Eltern spielt auch noch in anderer Weise eine Rolle: Menschen nehmen die Elternfiguren, die sie erlebt haben, in sich als Beispiel auf, wie mit Kindern umzugehen ist. Die Folge davon ist, dass Eltern – ganz ohne es zu wollen und oft auch ohne es zu merken – mit ihren Kindern umgehen, wie die eigenen Eltern es getan haben. Dies fällt Eltern oft gar nicht auf, da es ihnen ganz vertraut und selbstverständlich vorkommt. Selbst wenn jemand unangenehme Dinge als Kind erlebt hat und sich vorgenommen hat, seine Kinder nie so zu behandeln, ist es in Stresssituationen schwer, sich dem zu entziehen. Diese Verhaltensweisen stehen Menschen ‚wie automatisch' zur Verfügung. Auch wenn jemand sich vornimmt, nicht so zu handeln wie die Eltern, orientiert er sich in einer ‚Antihaltung' immer noch am elterlichen Vorbild. (Handeln gegen etwas ist noch keine eigenes Tun, es entspricht nicht dem eigenen Denken, sondern wird gegen das früher Erlebte gesetzt.)

> *Beispiel:* Eine Mutter ist als Kind regelmäßig von ihrer Mutter geschlagen worden, sie nahm sich vor: „Ich werde meine Kinder nicht schlagen." Nun trauen sich heute ihre Kinder wesentlich mehr zu sagen, als sie sich das je traute. Wenn sie nach Hause kommt und die Kinder herumtoben oder frech sind, möglicherweise ihre Hausaufgaben noch nicht gemacht haben, obwohl sie es hätten tun sollen, gibt sie ihnen öfter Ohrfeigen. Danach kritisiert sie sich selbst heftig, da ihr die Kinder leid tun, die erschrocken und gekränkt sind. Der zweite Kritikpunkt ist der, dass sie ihrem Vorsatz, die Kinder nicht zu schlagen, untreu geworden ist.

In diesem Beispiel wird deutlich, dass die Mutter dieser Kinder noch keine Handlungsalternative für sich gefunden hat, wie sie in Situationen, in denen die Kinder die von ihr aufgestellten Regeln nicht einhalten, reagieren kann. Es wird wichtig sein, dass diese Mutter Erfahrungen sammelt, wie sie ihrem Ärger konstruktiv Ausdruck verleiht, und auch, welche Konsequenzen das Nichteinhalten von Regeln bei ihren Kindern haben soll. Hier sind also mehrere Schritte sinnvoll:

- aufmerksam sein, in welchen Situation Sie sich so verhalten, wie Sie sich Ihren Kindern gegenüber nicht verhalten möchten
- die Frage stellen: Gibt es dabei Verbindungen zu meiner eigenen Kindheit?
- die eigenen Gefühle, z. B. Ärger, wahrnehmen

- mit dem Partner oder der Partnerin über diese Schwierigkeiten sprechen
- Handlungsalternativen finden
- überlegen: Was brauche ich, um mit dieser Situation anders umgehen zu können, wie kann ich mich entlasten?
- neue Verhaltensweisen ausprobieren, z. B. den Kindern sagen: „Wenn du so etwas tust, bin ich sauer, dann ärgere ich mich", oder auch einmal laut schimpfen.

Anhand dieser Punkte können Sie in unterschiedlichen schwierigen Situationen für sich neue Lösungsmöglichkeiten finden.

Für Kinder ist es wichtig, dass die Eltern ihnen eindeutig entgegentreten. Das bedeutet, dass sie überzeugt sind von dem, was sie mit den Kindern tun und wie sie mit ihnen umgehen. Denn Dinge, die Sie vor sich selbst nicht vertreten können, sind bei den Kindern unwirksam und dadurch schädlich. Dafür ist es notwendig, einen eigenen Stil zu entwickeln. Dieser eigene Stil ist abhängig von Ihrer Persönlichkeit, von Ihrer Situation, in der Sie leben, und auch von Ihrer eigenen Geschichte. Dabei ist es nicht notwendig, alles eigene Erlebte zu verdammen und alles neu oder anders zu gestalten. Denn vieles von dem, was die eigenen Eltern gemacht haben, war hilfreich, und es ist sinnvoll, es zu übernehmen. Es lohnt sich, sich die eigenen Erlebnisse und Überzeugungen bewusst zu machen, statt sie unkritisch zu übernehmen. Dies bezieht sich nicht nur auf Schwierigkeiten. Eltern haben die Zeit in Erinnerung, in der sie aufgewachsen sind; die heutige Zeit ist anders, die Situation der Kinder hat sich verändert. Das betrifft z. B. auch den Geldwert.

Bei der häufigen Diskussion um Taschengeld ist es wichtig zu sehen, dass die Beträge, die früher üblich waren, mit den heutigen nicht zu vergleichen sind.

Sich Neues zu Eigen zu machen gelingt häufig erst einmal nur in entspannten Situationen. Erkennen Sie sich dafür an, wenn Sie es geschafft haben, Neues auszuprobieren, und hadern Sie nicht mit sich, wenn es durch beruflichen Stress oder andere Belastungssituationen noch nicht möglich ist, sich nach dem, was Sie sich überlegt haben, zu richten. Gestehen Sie sich zu, dass Sie unter Stress nicht mehr so überlegt handeln, sondern erst einmal auf die ‚eingefahrenen' Verhaltensweisen zurückgreifen: Erst wenn die ehemals neuen Verhaltensweisen vertraut und geübt sind, werden Sie auch in Stresssituationen Zugriff darauf haben. Erlauben Sie sich, auch ‚rückfällig' zu werden – und üben Sie trotzdem weiter die neuen Verhaltensmuster ein.

Im Umgang mit Ihren Kindern ist Ihre gesamte Persönlichkeit gefordert, nicht nur die Gefühlsseite und die Fürsorglichkeit, sondern auch die Verstandesseite, die reflektiert, sich um Informationen kümmert und dann auch das Verhalten mitbestimmt.

Die eigene Geschichte beeinflusst auch, wie jede/jeder sich selbst sieht. Je nachdem, wie die Bezugspersonen mit einer Person umgehen, entwickelt jeder ein Bild von sich selbst, das zum Teil ganz realistisch, aber auch von Einschränkungen oder Festlegungen bestimmt ist.

Beispiel: Mädchen erleben, dass sie oft weniger allein machen dürfen, als ihrem Alter entspricht, und dass ihnen z. B. im technischen Bereich auch wenig zugetraut wird. Das kann bewirken, dass sie später als erwachsene Frauen das Bild von sich entwickeln, unselbständig und technisch ungeschickt zu sein.

Die Kultur, in der wir leben, hat neben den individuellen Erfahrungen Einfluss auf unsere Lebenseinstellung, vor allem dann, wenn Kinder geboren werden. Paare, die eine Rollenaufteilung gefunden haben, die unserer Zeit und ihrer Situation entspricht, kehren häufig, wenn ein Kind geboren wird, zu einer eher traditionellen Rollenverteilung zurück. So werden die Rollen, die Jungen und Mädchen und später Männer und Frauen einnehmen, auch von unserer Kultur bestimmt. Die Bindung an die Kultur bringt es mit sich, dass es oft schwierig ist, den Rollenwandel zu vollziehen. Das zeigt sich auch am Beispiel des Rollenwandels von Frauen, die immer häufiger nicht allein Hausfrau und Mutter sein wollen. Diese Änderung wird auch dadurch möglich, dass in unserer Zeit die täglichen Arbeiten wesentlich weniger körperliche Energie und weniger Zeit beanspruchen als früher und dadurch, dass es Männer gibt, die bereit sind, auch ihre Rolle als Väter zu verändern. Früher haben Frauen einen Beruf nur für den ‚Notfall' gelernt, heute wählen sie häufig einen Beruf, der sie interessiert, und streben daher an, die Berufstätigkeit auch auszuüben.

Heiraten Partner aus sehr unterschiedlichen Kulturkreisen und gründen eine Familie, dann ist es schwierig, etwas Gemeinsames zu entwickeln, da die Unterschiede kaum zu überbrücken sind. Oft passt sich einer der Partner an; dies führt aber häufig zu Unzufriedenheit darüber, das Eigene nicht verwirklichen zu können.

Die Partnerwahl wird auch von der eigenen Geschichte mitbestimmt, so dass es hilfreich sein kann, sich mit dem Partner bzw. der Partnerin über die Themen Kinder und Umgang mit Kindern auszutauschen.

Die Rolle als Vater, als Mutter – und als Eltern

Um die Funktion ‚Eltern' auszufüllen, ist es notwendig zu wissen, welches die Aufgaben von Eltern sind.

Mit Eintritt der Schwangerschaft beginnt die Verantwortung für die Kinder. Eltern haben gesetzlich festgelegte Rechte in Bezug auf ihre Kinder, wie das Sorgerecht. Diese Rechte gehen mit Pflichten einher. Eltern sind verpflichtet, für ihre Kinder zu sorgen, sie zu schützen und ihnen nicht zu schaden. Für den Fall, dass Eltern ihrer Aufgabe nicht nachkommen, schützt der Staat über die Jugendämter die Kinder. Die Jugendämter sind verpflichtet, in allem, was sie tun, das Kindeswohl zu verfolgen.

Eltern sind nicht nur für ihre Kinder verantwortlich, sondern auch für sich selbst als Eltern. Sie sind verpflichtet, sich als Eltern ‚fit' und präsent zu halten, um ihren Kindern zur Verfügung zu stehen. Dazu gehört, wie schon beschrieben, dass sie sich auch ihre Bedürfnisse erfüllen und sich nicht selbst schädigen.

Um die Aufgabe als Eltern zu erfüllen und dies auch gerne zu tun, brauchen Eltern eine Bewusstheit über die eigenen Fähigkeiten und Möglichkeiten und auch über die eigenen Ecken und Kanten. Nehmen Sie sich einmal Zeit, darüber nachzudenken und nachzuspüren, welches Ihre Stärken in Bezug auf Kinder sind und was Sie mit ihren Kindern gerne tun.

Neben dem, was Eltern gerne tun, ist es auch hilfreich zu merken, was sie nicht gerne tun, denn leider zwingen sich Eltern häufig, etwas den Kindern zuliebe zu machen, weil sie es als pädagogisch notwendig ansehen. Das verursacht Spannungen oder Unzufriedenheit bei den Eltern und damit auch bei den Kindern, die vermeidbar wäre. Ich denke hier nicht an Dinge, die notwendig sind, wie z. B. das frühe Aufstehen mit den Kindern, wenn sie in die Schule gehen, sondern an die Freizeit.

Die eigenen Bedürfnisse wahrzunehmen und auch zu erfüllen, ist wichtig, um die eigene Kraft zu erhalten und sich nicht zu verausgaben.

Beispiel: Eine Mutter liest ihren Kindern immer wieder mit Ärger im Bauch vor, weil sie es nicht gerne tut, aber dennoch liest, weil sie weiß, dass es für Kinder wichtig ist. Kinder spüren den Ärger und haben dann keinen Genuss, wenn die Mutter keinen Spaß daran hat.

Dieses Beispiel soll zeigen, dass es völlig in Ordnung ist, wenn Eltern nicht all das tun, was für Kinder schön und wichtig ist. Das wäre ein unerfüllbarer Anspruch. Kinder sind nicht nur auf die Eltern angewiesen. Hier wäre es hilfreich, entweder jemand anderen lesen zu lassen oder sich zu entscheiden, es nur selten zu tun.

Zu dem Selbstverständnis als Eltern gehört neben dem, was sie glauben tun zu müssen, auch das, was sie sich als Wissen über das, was Eltern tun sollten, angeeignet haben.

Schließen Sie bitte aus dem bisher Beschriebenen nicht, dass Sie immer nur gut überlegt und reflektiert mit Ihren Kindern umgehen müssten: Kinder brauchen den spontanen Umgang mit Menschen.

Eigene Grundeinstellung, Gemeinsamkeiten und Unterschiede

Eltern brauchen ein gemeinsames Erziehungskonzept für ihre Kinder. Wenn zwei Menschen eine gemeinsame Aufgabe gestalten wollen, bringen sie sich als Person mit ihrem Denken, ihren Gefühlen und ihren Überzeugungen ein. Sie leben in verschiedenen Bezugssystemen, diese können viele oder wenige Gemeinsamkeiten haben und auch große oder kleine Unterschiede.

Für Eltern ist es notwendig, einen persönlichen Umgangsstil mit den Kindern zu entwickeln, der den Kindern ein gesundes Wachstum für Körper und Seele ermöglicht. Der Stil sollte in die aktuelle Zeit passen, aber es ist wichtig, das von den ‚Modererscheinungen', die es auch im Umgang mit Kindern gibt, zu unterscheiden, denn diese haben meistens nichts zu tun mit ernst zu nehmenden Erkenntnissen über die Entwicklung und über Möglichkeiten, diese zu fördern.

Das Weltbild kann ganz unterschiedliche Überzeugungen enthalten, auch dadurch, dass das, was mit Worten vermittelt wurde, und das, was gelebt wurde, sehr unterschiedlich war. Daraus folgt, dass manche Entscheidungen für das Gegenüber, z. B. die Partnerin, schwer nachvollziehbar sein können.

Kinder brauchen eine gemeinsame Haltung ihrer Eltern über die Erziehung, über die Gemeinsamkeiten und die Unterschiede in Bezug auf den Lebensstil in der Familie und auf die Kinder. Für Eltern ist es hilfreich zu besprechen, was sie für die Kinder als notwendig erachten und wer von beiden die Verantwortung für ihre Versorgung übernimmt. Es ist auch wichtig zu klären, wer was mit den Kindern macht.

Folgende Bereiche halte ich in dieser Auseinandersetzung für wichtig:

- den moralisch-ethischen Hintergrund (christlich, moslemisch ...)
- Wertschätzung
- Verantwortungsbewusstsein
- den persönlichen Stil
- die soziale und persönliche Situation
- Tradition und Zeitgeist.

In der Auseinandersetzung von Partnern über diese Themen kann klar werden, welche Bereiche jedem Elternteil wichtig sind, wo sie Gemeinsamkeiten haben, wo sie Kompromisse eingehen können und in welchen Bereichen sie eine unterschiedliche Position beibehalten.

Die Unterschiedlichkeit in den Auffassungen kann sich auf ganz verschiedene Bereiche beziehen, z. B. auf ‚Schlafenszeiten', auf die Frage, wie lange ein Säugling schreien darf, soll oder muss, darauf, ob eine Familie mit oder ohne Kinder in Urlaub fährt, oder darauf, wie die religiöse Erziehung sein soll.

Wenn Eltern einander diese Unterschiede zum Vorwurf machen, und vor allem dann, wenn sie dies vor den Kindern tun oder versuchen, die Kinder auf ihre Seite zu ziehen, indem sie sich sozusagen bei den Kindern über den Partner/die Partnerin beklagen, wenn er/sie nicht dabei ist – dann können die Kinder die Eltern gegeneinander ausspielen.

Es ist nicht nötig, dass Eltern immer einer Meinung sind oder versuchen, sich den Kindern gegenüber in gleicher Weise zu verhalten. Wichtig ist die Einigkeit darüber, dass es Unterschiede gibt, und das gegenseitige Akzeptieren der Unterschiede. In dieser Situation haben die Kinder nicht die Möglichkeit, Eltern gegeneinander auszuspielen, da klar ist, dass unterschiedliche Positionen bestehen. Wenn Kinder Eltern gegeneinander ausspielen können, tut dies sowohl den Eltern als auch den Kindern nicht gut. Bei den Eltern löst es meistens Ärger und Enttäuschung aus, und die Kinder sind trotz der Macht, die sie erleben, verunsichert. Sie erleben dabei ihre Eltern als machtlos, weil sie sie manipulieren können, und das löst Verunsicherung aus. Kinder brauchen eine für sie klare und dadurch schützende Situation.

Es ist wichtig, Kindern nach Möglichkeit unvoreingenommen und wertschätzend gegenüberzutreten; das bedeutet auch, ein Kind als gleichwertiges Gegenüber zu akzeptieren. Voraussetzung ist, dass Eltern sich selbst und einander akzeptieren. Kinder sollen als Kinder mit ihrem Alter entsprechenden Möglichkeiten und Fähigkeiten gesehen werden. Leider werden Kinder oft überfordert, indem sie wie ‚kleine Erwachsene' behandelt werden. Das schmeichelt ihnen zwar, ist aber nicht angemessen. Weitere Informationen zu diesem Themenbereich finden Sie im Kapitel *Grenzen schaffen Geborgenheit*.

Die Berufstätigkeit von Müttern wird oft sowohl von seiten des Mannes als auch vonseiten der Frau zum Diskussionsthema gemacht. Dabei geht es dann überhaupt um das traditionelle Rollenverständnis von Müttern und Vätern. Die Berufstätigkeit von Müttern wird immer wieder als Selbstverwirklichung der Frau gesehen, die nicht notwendig sei, wenn nicht eine finanzielle Notwendigkeit gegeben ist. Da das Mutter-Sein nach dem überlieferten Rollenverständnis als die ‚eigentliche' Selbstverwirklichung einer Frau angesehen wird und viele Eltern noch in diesem Rollenverständnis leben, treten Spannungen zwischen dem traditionellen Rollenverständnis und der heutigen Sicht auf.

> *Beispiel:* Wenn eine Frau nach dem Mutterschutz gerne wieder berufstätig werden möchte, erlebt sie häufig, dass sie von anderen kritisiert wird in der Weise: „Eine Mutter gehört zu ihrem Kind", „Ein Kind nimmt Schaden, wenn es von der Mutter getrennt ist". Dieser Frau ist es ein Herzenswunsch, berufstätig zu sein. Sie wird, wenn sie dem Kind zuliebe zu Hause bleibt, wahrscheinlich eine unzufriedene Mutter sein, und das tut dann sowohl ihr als auch ihrem Kind nicht gut.

In diesem Beispiel ist das Thema Berufstätigkeit noch überwiegend das Thema der Frau: es geht darum, wie sie Kind und Beruf vereinigen kann. Die Voraussetzung für die Berufstätigkeit ist eine gute konstante Versorgung des Kindes. Die Mutter sollte trotz der Berufstätigkeit genügend Zeit und Energie für das Kind haben.

Der Wunsch, wieder berufstätig zu werden oder berufstätig zu bleiben, entspringt häufig entweder dem Wunsch, Mutter-Sein und Beruf miteinander zu verbinden, da beides ähnlich attraktiv ist, oder einer Abwertung der Aufgabe als „Nur-Hausfrau" und Kinderbetreuerin. Ich denke, es ist wichtig, diese Aufgabe wertzuschätzen und damit auch die Attraktivität dieser Arbeit zu sehen. Dadurch kann es möglicherweise auch für Männer anziehender werden, sich diesen Aufgaben mehr zu widmen. So kann sich das Thema ‚berufstätige Mutter' zum Thema ‚Berufstätigkeit von Eltern' ausweiten. Die Fragestellung hat sich in den letzten Jahren schon etwas gewandelt hin zu der Überlegung: ‚Wieviel Berufstätigkeit von Eltern ist Kindern zumutbar?' – so dass es nicht mehr ein Thema ist, das überwiegend die Frauen betrifft, sondern die ganze Familie. Kinder brauchen eine gute Versorgung mit konstanten Bezugspersonen, und ich denke, dieser Grundsatz sollte, wenn möglich, die Richtschnur für die Berufstätigkeit der Eltern sein.

Auch hier gibt es, wie für viele andere Situationen, keine allgemein gültige Lösung. Dies entscheidet ein Elternpaar individuell nach den persönlichen Stil und äußeren Gegebenheiten und Notwendigkeiten. Es gibt Situationen, in denen keine Wahlmöglichkeit besteht; dann ist es wichtig, eine Lösung zu finden, mit der sowohl die Eltern als auch die Kinder gut leben können.

In der heutigen Zeit ist durch die Möglichkeit des Erziehungsurlaubs, den sowohl der Vater als auch die Mutter nehmen kann, die äußere Situation vereinfacht. Dadurch ist es leichter, eine adäquate Lösung zu finden.

Beziehungsstrukturen

In der Art und Weise, wie Eltern sich in Bezug auf ihre Kinder auseinandersetzen oder ‚zusammensetzen', wird die Form ihrer Beziehung deutlich. Kinder brauchen Eltern, die in Beziehung gehen können, um Sicherheit zu spüren. Die Gemeinsamkeit der Eltern ist ein weiterer Rückhalt für Kinder. Eltern werden sich nur einigen, wenn sie z. B. einander zuhören, sich gegenseitig akzeptieren und sich nicht gegenseitig bevormunden.

Die Weise, wie Menschen gelernt haben, Kontakt aufzubauen, bestimmt (zusammen mit dem, was sie über Kinder denken) die Beziehung, die sie zu ihren Kindern aufnehmen. Und andererseits hat die Art und Weise, wie Eltern mit ihren Kindern Kontakt aufnehmen, entscheidenden Einfluss auf die innere und äußere Entwicklung der Kinder.

Wie in dem Kapitel *Kinder brauchen Bezugspersonen* dargestellt ist, beginnt die Beziehung zu einem Kind schon vor der Geburt. Das bedeutet, dass die Einstellung der Eltern zur Schwangerschaft und zu dem ungeborenen Kind für dessen späteres Leben bedeutsam ist. (Das Folgende bezieht sich überwiegend auf die ersten Lebensmonate, es ist aber auch später noch von Bedeutung.) Für ein Kind ist es lebensnotwendig, sich auf Erwachsene beziehen zu können. Das Kind ist von den Erwachsenen körperlich und seelisch abhängig, daher sollten diese möglichst konstant zur Verfügung stehen. Ein selbstsicherer Erwachsener kann dem Kind ein stabiles Gegenüber sein, das verlässlich ist, es kann dadurch Urvertrauen und Sicherheit entwickeln.

Von der Seite der Eltern betrachtet, kann eine Beziehung Störungen unterschiedlicher Ursache haben. Eine Mutter/ein Vater lehnt z. B. das Kind ab, sie/er möchte im Grunde kein Kind haben (oder möchte mit diesem Partner/dieser Partnerin kein Kind haben).

Die Folgen der ablehnenden Haltung sind dadurch charakterisiert, dass Kinder erst verzweifelt und traurig sind und sich dann in sich zurückziehen, sie zeigen ihre Gefühle wenig und nehmen seltener Kontakt zu ihren Bezugspersonen auf als andere Kinder. Dies führt dann häufig dazu, dass die Eltern enttäuscht sind, die Ablehnung wird verstärkt und die Reaktionen des Kindes werden stärker.

Hier ist es wichtig, dass die Eltern anfangen zu überlegen und nachzuspüren, was sie selbst brauchen, um für ihr Kind angemessen dazusein.

Ausdruck einer gestörten Beziehung kann sein, dass ein Kind überängstlich ist und die Mutter nicht mehr aus den Augen läßt. Ein Kind hat dadurch z.B. nicht die Möglichkeit, frei zu spielen und seine eigenen Bedürfnisse zu verfolgen. Mütter kommen sich dann verständlicherweise eingeengt vor und versuchen, sich dem Kind zu entziehen, was oft zur Folge hat, dass das Kind sich noch mehr anklammert. Dadurch kann eine Spirale von Schwierigkeiten entstehen, die oft mit einer heftigen Wut der Mutter auf das Kind endet. Dies ist dann sowohl für die Mutter als auch das Kind schwierig. Es ist wichtig, diese Wut nicht in Form von Gewalt an dem Kind auszulassen. Je kleiner das Kind ist, desto wichtiger ist die Zurückhaltung. Eltern brauchen Ventile, wo sie ihre Wut auf die Kinder abreagieren können, z.B. jeweils beim Partner oder der Partnerin oder bei guten Freunden oder Freundinnen.

Es ist beruhigend, dass Menschen angeborene intuitive Verhaltensweisen im Umgang mit Säuglingen von der Natur mitbekommen haben. Es ist wichtig, diesen zu vertrauen und sie auch zu nutzen.

Kinder brauchen es, dass Eltern Vertrauen in die eigene Kompetenz (also hier in ihre Beziehungsfähigkeit) und in die der Kinder haben. Sie brauchen eine sichere Bindung an die Eltern, um eine gesunde Entwicklung haben zu können. Die Kinder können dann, wenn sie sich lösen, ihren Weg gehen aus der Abhängigkeit von den Eltern heraus und hin zur Selbständigkeit. Dies bedeutet nicht einen Abbruch des Kontakts (was häufig mit Selbständigkeit verwechselt wird), sondern einen Kontakt von Erwachsenem zu Erwachsenem. Selbstverständlich ist die Beziehung zu erwachsenen Kindern anders als die zu Freunden, da Eltern und Kinder eine ganz andere Geschichte miteinander haben.

Säuglinge sind auf Eltern angewiesen, sie können allein körperlich und seelisch nicht überleben. Daher ist es wichtig, dass Eltern ihren Kindern, wie dargestellt, das zur Verfügung stellen, was Kinder brauchen. Dabei sollten die Eltern darauf achten, nicht nur die Bedürfnisse der Kinder zu erfüllen, sondern auch ihre eigenen Bedürfnisse ernst nehmen und sie nach Möglichkeit auch erfüllen. Natürlich ist es wichtig, dass die Erwachsenen, wenn es eng wird, eher zurückstehen als die Kinder, da Kinder eine geringere Frustrationstoleranz haben, d. h. schneller in Ärger oder Verzweiflung geraten.

Wenn Eltern ihre eigenen Bedürfnisse ‚den Kindern zuliebe' nicht mehr erfüllen, werden die meisten Eltern eine große Erwartungen an die Kinder richten. (Sie erwarten beispielsweise besonders brave Kinder oder besonders gute Schulnoten usw.) Sie machen sich damit von ihren Kindern abhängig, sie knüpfen ihr Wohlbefinden an das Verhalten der Kinder. Das bedeutet, dass dann weder Kinder noch Eltern ein ‚eigenes Leben' haben, es kommt ihnen vor, als seien sie aufeinander angewiesen. Dies drückt sich in Sätzen aus wie ‚Ich bin ganz und gar für mein Kind da' oder ‚Mein Kind ist mein Leben'. Mütter, die diese Haltung entwickelt haben, werden ihr Kind nicht aus den Augen lassen, womöglich mit technischer Unterstützung (z. B. Baby-Phon). Das bedeutet, dass fast alle Äußerungen des Kindes aufgenommen werden und die Mutter im dauernden und oft ermüdenden „Einsatz" ist. Die Grenze zwischen Mutter und Kind ist dann verwaschen.

> *Beispiel:* Eine Mutter spricht von ihrem Baby und erzählt: „Wir haben heute gut gegessen (sie meint damit das Kind) und dann haben wir öfter Stuhlgang gehabt als sonst (auch hier meint sie das Kind)."

Eltern sprechen immer wieder in der ‚Wir-Form' von ihrem Kind, sie bemerken dabei nicht, dass sie so tun, als wären sie mit dem Kind zusammen nur eine Person. Das bedeutet, dass sie ihr Kind und auch sich selbst nicht mehr als eigenständige Person wahrnehmen können und damit auch keine gleichberechtigte Beziehung herstellen können. Die Voraussetzung dafür ist, dass Eltern Teile ihrer Person nicht bemerken, wie z. B. ihre Bedürfnisse, und gleichzeitig auch Teile der Persönlichkeit des Kindes ausblenden. Damit stellen sie eine für sich und für das Kind ungesunde Beziehung her. Ein ‚Wir' gibt es dann, wenn gleichberechtigte Personen miteinander etwas tun. Dazu gehört eine klare Trennung zwischen ‚Ich' und ‚Du'.

In einer Familie ist das Empfinden des ‚Wir' wichtig, um Zugehörigkeit wahrzunehmen.

Über die Geborgenheit im Kreis von Vater, Mutter und Kind hinaus

Kinder wachsen aus der Mutter-Kind-Einheit heraus, es finden immer wieder Erweiterungen ihrer Beziehungen statt. Es ist wichtig, dass sich Kinder auch in diesen geborgen fühlen. Die frühen Beziehungen haben Einfluss auf die im Leben als Erwachsene.

Die Rolle der Großeltern

Für Kinder ist es wichtig, dass sie mit zunehmendem Alter weitere Bezugspersonen neben ihren Eltern haben, sie sollen auch andere Menschen kennen lernen. Solange die Eltern die einzigen Bezugspersonen sind, bedeuten sie für die Kinder die Welt. Sie glauben erst einmal, dass alle Menschen so sind wie ihre Eltern, und lernen erst über andere Erfahrungen, dass Menschen ganz unterschiedlich sind und dass häufig bekannte und bewährte Verhaltensmuster bei anderen Menschen völlig andere Reaktionen auslösen. So können sie ihre Beziehungsfähigkeit üben und dadurch auch innere Bilder von anderen Menschen entwickeln.

In unserer Zeit ist der Kontakt zu den Großeltern oder anderen nahen Verwandten meistens keine Selbstverständlichkeit mehr, da in der Regel keine Großfamilien mehr existieren, in denen nicht nur zwei, sondern mehrere Generationen zusammenleben.

Es ist sowohl für Kinder als auch für Eltern wichtig, nicht allein aufeinander angewiesen zu sein. Häufig höre ich bei Müttern den Wunsch nach einer gewissen Teilung der Verantwortung heraus, wenn sie sagen: „Wir haben leider keine Großeltern in der Nähe“ oder „Die Eltern meines Mannes interessieren sich nicht für die Kinder“.

Für Eltern ist es entlastend, die Verantwortung für die Kinder auch einmal an andere übergeben zu können. Und es geht nicht nur um die Verantwortung, sondern Eltern können auch von der Großelterngeneration Wissen und Erfahrung übernehmen.

Um bestimmte Aufgaben zu erfüllen, braucht jeder Informationen. Dies ist eine Möglichkeit, Unsicherheit und Ängste abzubauen. Dabei ist es hilfreich, gezielt nach bestimmten Dingen zu fragen, um damit den manchmal so reichhaltigen Belehrungen oder Ratschlägen zu entgehen und das Gewünschte zu bekommen. Auf diese Weise sehen sich beispielsweise die Großeltern in ihren Erfahrungen gewürdigt, und junge Eltern können profitieren.

Je jünger die Kinder sind, um so wichtiger ist es, dass die Kinder Zeit und Gelegenheit bekommen, sich mit bisher unbekannten Personen vertraut zu machen. Die Großeltern sind dafür gut geeignet, da sie denselben ‚Stallgeruch‘ wie die Eltern haben und daher den Kindern schnell vertraut werden können. Großeltern haben in der Regel auch ein großes Interesse an ihren Enkeln und engagieren sich gerne für sie.

Damit diese Beziehungen zur Geborgenheit und Sicherheit beitragen und nicht alle Beteiligten verunsichern, sind einige Punkte zu beachten.

Die Erwachsenen sollten sich über den Umgang mit den Kindern austauschen und sich in den wesentlichen Punkten einig sein. Verständlicherweise wird es auch Unterschiede im persönlichen Stil geben, wie das ja auch zwischen Partnern der Fall ist.

Es ist wichtig, dass alle, die mit dem Kind zu tun haben, die Autorität der Eltern und damit die Erziehungsgewalt anerkennen. Das heißt, dass z. B. Großeltern sich nicht abfällig äußern über das, was die Eltern mit dem Kind tun, und demonstrieren, dass sie es besser wüssten. Das heißt nicht, dass Großeltern alles gut finden und alles akzeptieren sollen, was Eltern mit ihren Kindern tun. Diskussion und (wenn möglich) Einigung sind notwendig. Wenn aber keine Einigung erzielt werden kann, ist es wichtig, dass sich beide Seiten klar darüber sind, dass keine Einigung besteht, und jede nach ihrer Vorstellung handelt. Darüber sollte dann auch Offenheit herrschen, damit die Kinder nicht in unnötige Spannung oder auch in Loyalitätskonflikte geraten. Dazu gehört z. B. der klare Hinweis von der Mutter: „Bei Oma darfst du das, zu Hause nicht", und von der Oma: „Bei mir darfst du das, zu Hause nicht". Wenn möglich, sollte auch eine Begründung dazu gegeben werden, auch wenn es allein ein unterschiedliches Wollen ist.

Beispiel: Ein 6-jähriges Mädchen darf bei der Mutter einfach nach draußen in den beiden bekannten Bereich zum Spielen gehen, sie machen nur eine Zeit aus, zu der das Mädchen wieder zu Hause sein soll.

Kommt die Großmutter für eine Woche zu Besuch, weil die Eltern verreist sind, verabredet sie mit dem Mädchen, dass es ihr genau sagt, wo es hingeht. Der Grund dafür ist, dass die Großmutter sich in der Umgebung nicht gut auskennt und nicht weiß, welches der gewohnte Rahmen ist, in dem sich das Mädchen bewegen darf.

Die Beziehung der Großeltern zu den Enkelkindern hat eine andere Qualität als die der Eltern, es sei denn sie sind aus besonderen Gründen die primären Bezugspersonen. Die Großeltern tragen nicht die gesamte Verantwortung für das Kind, sondern jeweils nur für den Bereich, den sie in diesem Moment übernehmen. Es sind klare Absprachen notwendig, damit die Kinder nicht in Konflikte kommen und damit die Beziehung von Großeltern und Eltern in Bezug auf die Kinder eindeutig und klar ist.

Beispiel: Viele Eltern geben ihren Kindern wenig Süßigkeiten. Es gibt Großeltern, die das für übertrieben halten und den Kindern dann Süßigkeiten zustecken, wenn die Eltern es nicht sehen, und den Kindern sagen, dass sie die Großeltern nicht verraten sollen.

Absprachen haben nur einen Sinn, wenn sie auch eingehalten und nicht hintertrieben werden.

Es bestehen häufig Unsicherheiten auf beiden Seiten, sowohl bei den Eltern als auch bei den Großeltern, wie Absprachen getroffen werden und wie Informationen oder Kritik den anderen deutlich gemacht werden können. Hier geht es nicht um gelegentliche Besuche bei den Großeltern, sondern um Situationen, in denen die Kinder regelmäßig von den Großeltern betreut werden, z. B. an bestimmten Tagen in der Woche, wenn die Eltern arbeiten oder etwas zusammen unternehmen wollen oder auch dann, wenn die Eltern in Urlaub fahren und die Kinder bei den Großeltern lassen. Die Absprache sollte sich z. B. auch darauf beziehen, wie lange die Kinder diesmal bei den Großeltern bleiben, welche Gewohnheiten die Kinder für diesen Zeitraum haben, wie die Mahlzeiten eingeteilt sind, wie die Schlafgewohnheiten im Moment sind und was die Kinder selbständig unternehmen dürfen.

> *Beispiel:* Eine Mutter bringt jeden Donnerstagmorgen ihren 1-jährigen Sohn zur Schwiegermutter, die das Kind von Geburt an kennt. Von seiten der Mutter ist es für das Kind wichtig, dass die Oma erfährt, ob es schon Besonderheiten gegeben hat und ob an diesem Tag etwas Spezielles zu beachten ist.

Großeltern sind oft sehr wichtige Bezugspersonen. Das wird daran deutlich, dass viele Menschen sehr gute Erinnerungen an ihre Oma oder ihren Opa haben, die ihnen bedeutsame Erfahrungen vermittelt haben. Dadurch, dass Großeltern (wie schon beschrieben) nicht die gesamte Erziehungsverantwortung tragen, oft auch nicht mehr im Arbeitsprozess stehen, können sie häufig andere Angebote machen, sie haben Zeit und Muße, auf die Kinder einzugehen, vorzulesen, spazieren zu gehen oder mit den Enkeln zu spielen.

Es gibt viele Familien, bei denen die Großeltern zu weit entfernt wohnen, um regelmäßigen Kontakt zu pflegen.

Dann kann es wichtig sein, Kontakte zu suchen, die Ähnlichkeit mit einer Großelternbeziehung haben. Oft lassen sich Rentner oder Rentnerinnen finden, die gerne die Rolle einer ‚Ersatzoma' übernehmen und damit einerseits den Kindern zur Verfügung stehen und andererseits die Eltern entlasten. Es ist wichtig, die Bedingungen, unter denen diese Kontakte stattfinden (z. B. Zeitdauer, Vergütung oder Ähnliches) klar abzumachen, um Schwierigkeiten vorzubeugen.

Was Eltern tun können

Für den Fall, dass die Großeltern intensiven Kontakt zu den Kinder haben und sie (zeitweise) betreuen sollen, ist es notwendig, alle wichtigen Fragen in Bezug auf die Kinderbetreuung mit ihnen zu klären.

Sie sollten die Art und Weise, wie die Großeltern mit ihren Enkeln umgehen, respektieren können und müssen sie nicht unbedingt mit dem vergleichen, was Sie aus Ihrer Kindheit kennen: Es ist eine andere Zeit, und die Beziehung zwischen Großeltern und Enkeln ist nicht von der elterlichen Verantwortung bestimmt.

Wenn Geschwister in der Familie sind

Die Geburt eines Geschwisterkindes ist für Kinder nicht nur eine Freude. Eltern glauben häufig, dass Kinder sich auf die Geburt des nächsten Kindes freuen, da sie sich selbst freuen. Die Vorbereitung auf das Geschwisterkind ist notwendig, denn die Geburt eines weiteren Kindes verändert die gesamte Familiendynamik. Nach der Geburt eines Geschwisterkindes brauchen die älteren Kinder Zeit nur mit der Mutter oder auch mit dem Vater. Wenn dies durch die Geburt des Geschwisterkindes nicht mehr möglich ist, wird das ältere Kind sich als zurückgesetzt erleben, in eine Konkurrenz zum jüngeren treten und Ärger sowohl auf die Eltern als auch auf das Geschwisterkind entwickeln. Manche Eltern handhaben die Situation so, dass nach der Geburt eines weiteren Kindes der Vater nun überwiegend das ältere Kind versorgt und die Mutter sich überwiegend um das Neugeborene kümmert. Wenn bis dahin die Mutter die Hauptbezugsperson war, ist es für Kinder schwierig, wenn plötzlich die Bezugsperson wechselt: Dies bedeutet den ‚Verlust' eines Teils der Mutter, dieser kann durch den Vater nicht ausgeglichen werden. Das Kind braucht also auch Zeit mit der Mutter allein, so wie früher.

Zum Schutz des oder der schon vorhandenen Kinder und zum Schutz des Neugeborenen braucht die gesamte Familie eine Vorbereitung. Das Neugeborene ist angewiesen auf alle Familienangehörigen und darauf, dass alle richtig mit ihm umgehen; die älteren Geschwister brauchen Anleitung, wie sie mit dem Säugling umgehen können.

Beispiel: Ein 4-jähriger freute sich sehr über seinen kleinen Bruder und wollte ihn an seinen geliebten Erdnüssen teilhaben lassen. Also fütterte er den vier Wochen alten kleinen Bruder mit Erdnüssen. Dies ist jedoch gefährlich und kann zu Problemen führen.

Dieses Beispiel zeigt, dass nicht nur Ablehnung zu Schwierigkeiten führen kann, sondern auch Ideen, die aus Liebe resultieren.

Die Stellung in der Geschwisterreihe ist bedeutsam und prägt ähnlich wie die Beziehungen zu den Eltern das weitere Leben. Je nachdem, wie diese Situation gestaltet wird, kann das die Sicherheit und die Geborgenheit beeinflussen.

Kinder erleben die neue Situation nach der Geburt eines Geschwisterkinder sehr unterschiedlich. Ein Fünfjähriger zeichnete seine Familie, als der kleine Bruder etwa ein Jahr alt war, so:

Der Junge erlebt die Mutter noch als Einheit mit dem jüngeren Bruder. Das bedeutet für ihn, dass er sich selbst als ausgeschlossen sieht. Seit der Geburt des Bruders zeigt er ein massiv provozierendes Verhalten, um auf sich aufmerksam zu machen.

Ist das Kind das Erstgeborene, sind die Eltern häufig noch sehr unsicher, und das Kind hat als Bezugspersonen nur Erwachsene und keine anderen Kinder.

Am Beispiel der Familien mit drei Kindern ist dies gut deutlich zu machen: Das erste Kind hat eindeutig die Position des Erstgeborenen, das dritte hat in der Regel eindeutig die Position des kleinsten Kindes und dadurch oft Privilegien. Das mittlere Kind muss oft um eine eigene Position kämpfen. Es wird oft von den Eltern einmal dem älteren und einmal dem jüngeren zugeordnet.

> *Beispiel:* Eine Mutter gibt den Kindern den Auftrag: Die beiden Großen räumen auf und tragen den Müll hinunter, die beiden Kleinen gehen abends um 19 Uhr zu Bett, der Große darf länger aufbleiben und noch eine Sendung im Fernsehen anschauen.

In diesem einfachen, aber in Variationen häufig vorkommendem Beispiel wird deutlich, dass die Position des mittleren Kindes von der Mutter aus nicht klar ist. Einmal zählt es zu den ‚Großen', nämlich dann, wenn es um unangenehme Aufgaben geht; in anderen Situationen zählt es zu den ‚Kleinen', nämlich wenn es um Privilegien des ‚Alters' geht.

Für Kinder ist es wichtig, Sicherheit über ihre Position zu haben, und es ist Aufgabe der Eltern, für diese individuelle Position zu sorgen. An diesem Beispiel erläutert bedeutet dies, dass das mittlere Kind eigene Aufgaben erhält und dass seine Schlafenszeit individuell für es bestimmt wird, wenn in einer Familie Unterschiede gemacht werden. Dies vermeidet eine ungesunde Konkurrenz der Kinder um die Position in der Familie.

Auch wenn Eltern das beherzigen, werden die Kinder trotzdem Auseinandersetzungen haben, denn die Kinder brauchen als Geschwister ihre persönlichen Positionskämpfe untereinander. Die Beziehungen der Kinder sind nicht von Abhängigkeit und Verantwortung geprägt, sondern von dem ‚Aushandeln' von Positionen und Rollen.

Diese Auseinandersetzungen haben dann, wenn von den Eltern her Klarheit gegeben ist, keinen existenziellen Charakter. Auseinandersetzung bedeutet einen intensiven Kontakt und zeigt, dass Geschwister Interesse aneinander haben.

Geschwister sind füreinander in den gemeinsamen Erfahrungen sehr bedeutsam. Diese Erfahrungen können Kinder dann auch außerhalb der Familie gut gebrauchen, wenn es darum geht, Kontakte zu Gleichaltrigen zu gestalten. Zusätzlich hat die Geschwisterkonstellation und die Art der Beziehungen auch im späteren Leben Bedeutung, z. B. bei der Partnerwahl oder im Umgang mit eigenen Kindern.

Für Eltern ist es immer wieder schwierig zu entscheiden, wie sie sich verhalten sollen, wenn ihre Kinder streiten. Viele Mütter kommen in Bedrängnis, wenn z. B. ihre Söhne miteinander raufen und sie sich überlegen müssen, ob sie eingreifen sollen oder nicht. In der Regel ist es wichtig, nicht Partei zu ergreifen und sich herauszuhalten. Einerseits bekommen die Kinder dadurch das Zutrauen, dass sie ihre Differenzen miteinander austragen können. Andererseits ist eine Parteinahme schwierig, da die Mutter den Anfang der Geschichte in der Regel nicht mitbekommen hat und sie von den zwei ‚Streithähnen' jeweils die persönliche Sicht mitgeteilt bekommt. Dadurch nimmt sie möglicherweise in unangemessener Weise Partei. Kinder versuchen verständlicherweise, die Erwachsenen zu ihrer Unterstützung mit hineinzuziehen, vor allem die jüngeren fordern häufig Hilfe ein und klagen die älteren Geschwister an. Sie erhalten häufig von den Erwachsenen Unterstützung, oft auch dann, wenn sie es gar nicht brauchen. Erwachsene glauben häufig, dass die jüngeren Kinder den älteren unterlegen seien, weil sie in der Körperkraft unterlegen sind. Die jüngeren Kinder entwickeln ihre eigenen Möglichkeiten, sich auseinanderzusetzen, und sind darin oft auch erfolgreich. Dabei ist zu beachten, dass es nicht zu einer ‚Gerichtssituation' kommt mit Fragen wie: „Wer hat angefangen?" oder „Wer hat heftiger getreten?" oder „Wer hat lauter geschrien?" In der Regel ist dies nicht zu klären, es sei denn, einer der Eltern hat die gesamte Situation genau beobachtet.

Ein Eingreifen der Erwachsenen ist dann erforderlich, wenn Gefahr für eines der Kinder besteht. Dann ist es notwendig, den Streit zu unterbrechen. Auch hier ist es wichtig, nicht parteilich zu sein, es sei denn es war ein offensichtlich unfairer Angriff, der auch keine ‚Vorgeschichte' hat. Für die Sicherheit der Kinder ist es wichtig, dass sie wissen, dass die Eltern, wenn Gefahr droht, eingreifen und mit ihrem Eingreifen die Situation wirksam unterbrechen. Das kann mit lauten Worten geschehen oder, wenn die Kinder diese nicht wahrnehmen, auch durch körperliches Eingreifen, z. B. so, dass man die ‚Kampfhähne' auseinanderzieht. Hier ist jedenfalls beherztes und entschiedenes Handeln hilfreich.

Was Eltern tun können

Sie können Ihre Kinder auf die Geburt eines Geschwisterkindes vorbereiten, indem Sie davon erzählen und (wenn möglich) andere Säuglinge anschauen.

Es lohnt sich, Geduld zu üben, wenn die Kinder streiten. Vertrauen Sie den Kindern, dass sie die Situation untereinander lösen können. (Die Einschränkungen habe ich beschrieben.)

Aktivitäten mit einzelnen Kindern, jeweils deren Entwicklungsstand entsprechend, sind zusätzlich zu den Unternehmungen der ganzen Familie wichtig.

Was bedeutet ein Wechsel der Bezugspersonen (Trennung, Scheidung, Tod)?

Häufig haben Kinder aus geschiedenen oder getrennten Partnerschaften immer noch mit Vorurteilen zu kämpfen (wie ihre Eltern auch). Viele Begriffe in diesem Bereich sind negativ belegt wie z. B. Scheidungswaisen (Kinder geschiedener Eltern sind keine Waisen), Schlüsselkinder usw.

Die Menschen, die in diesen negativ belegten Begriffen denken, schaden den Kindern dadurch, dass sie ihnen vermitteln, sie seien Opfer der Handlung ihrer Eltern und es müsse ihnen schlecht gehen. Zum Schutz der Kinder ist es hilfreich, sachlich mit diesem Themenkomplex umzugehen, auch wenn eine Trennung ein mit vielen Emotionen einhergehender Prozess ist.

Bei der Trennung eines Paares, das Kinder hat, verändert sich der Kontakt der Kinder zu ihren Eltern. Ich werde hier nicht auf die rechtliche Seite der Situation eingehen, sondern mich allein mit der Bedeutung der Situation für die Kinder beschäftigen. Für Kinder ist es wichtig zu erfahren, dass sich das Paar trennt und dass die Eltern Eltern bleiben, auch wenn dies in der akuten Trennungsphase oft schwierig ist. Einer Trennung geht in der Regel eine schwierige Situation des Elternpaares voraus. Kinder brauchen die Information, dass sie mit diesen Problemen nichts zu tun haben, also vor allem, dass sie keine Verantwortung für die Spannungen und Probleme tragen. Kinder beziehen die elterlichen Schwierigkeiten häufig auf sich und kommen dadurch in Bedrängnis. Also ist es zu ihrem Schutz und zu ihrer Entlastung wichtig, dass die Eltern mit ihnen über die Situation sprechen, allerdings nicht über die inhaltlichen persönlichen Themen. Es ist wichtig, sie nicht in diese Themen einzuweihen, weil sie die Problematik noch nicht verstehen können. Das würde die Kinder überfordern und zu einer Parteinahme auffordern. Wenn Eltern entschieden haben, sich zu trennen, ist es notwendig, dies den Kindern mitzuteilen und ihnen eine Phase der Gewöhnung zu ermöglichen. Kinder reagieren oft mit sehr heftigen Gefühlen wie Wut, Trauer und Angst – Angst vor allem vor der Zukunft und davor, wie das weitere Leben ablaufen wird. Die Kinder brauchen Trost und Beruhigung sowie jemanden, dem sie ihre Wut zeigen können.

Für die Kinder ist dann entscheidend, bei welchem der Partner sie nach der Trennung die meiste Zeit bleiben werden und wie der Kontakt zu dem anderen Elternteil aussehen wird. Wenn es möglich ist, sollte vermieden werden, dass die Kinder aus ihrem gewohnten Lebensraum (wie Kindergarten und Schule) gerissen werden. Je jünger das Kind ist, desto weniger Wechsel verkraftet das Kind. Daher kann eine Regelung des Kontaktes so aussehen, dass der Elternteil, bei dem das Kind nicht wohnt, das Kind in seiner gewohnten Umgebung besucht und mit ihm dort die Zeit gestaltet. Größere Kinder sollten, wenn es von den Bedingungen her möglich ist, mit in die Entscheidung einbezogen werden, bei welchem Elternteil bzw. wo sie wohnen werden. Für die Kinder ist es notwendig, dass Mutter und Vater ihnen zeigen, dass sie Interesse an ihnen haben und dass es ihnen ein Anliegen ist, mit den Kindern weiterhin zusammenzusein.

Kinder haben natürlich meistens den Wunsch, dass die Eltern zusammenbleiben, selbst wenn die Situation schwierig ist: Jeder Wechsel bedeutet ja Unsicherheit, und daher wird erst einmal das Gewohnte vorgezogen. Kinder zeigen ihre Wünsche oft in Zeichnungen wie der folgenden:

Das Thema dieses Bildes lautet: „Ein Zauberer kommt und verzaubert eine Familie". Dieses Bild zeigt eine Zeichnung eines Jungen, dessen Eltern sich zwei Jahre vor diesem Zeitpunkt getrennt hatten und ein Jahr nach ihrer Trennung geschieden wurden. Diese Eltern haben große Schwierigkeiten, ihr ‚Eltern-sein' zu trennen von der Auseinandersetzung in der Partnerschaft bzw. der Trennung. Die Situation der beiden ist noch von Aggression geprägt, so dass Verabredungen in Bezug auf den Jungen noch sehr schwierig sind. Und trotzdem hat der Junge offensichtlich noch den Wunsch, die Eltern zusammenzuhaben. Der Junge stellt die Familie so dar, dass ein Zaubernebel, der vom Zauberer ausgeht, eine Familieneinheit von Vater, Mutter und Kind bewirkt. Dieser Aspekt dieser Zeichnung ist hier wichtig, um zu zeigen, dass der Junge (wie viele andere Kinder aus getrennten Ehen auch) selbst dann, wenn es schwierig ist zwischen den Partnern, die beiden gerne als Eltern zusammen hätte. Viele Eltern tragen zu diesem Wunsch vor allem dann bei, wenn einer von beiden oder beide die Trennung nicht akzeptieren.

Kinder brauchen in der Scheidungssituation Klarheit von den Eltern und Klarheit auch darüber, dass sie getrennt sind und dass dies nun eine Tatsache ist. Denn wenn die Eltern darin uneindeutig sind, ist es für Kinder ganz schwierig, die Situation, die sie nicht wollen, zu akzeptieren. Auch macht die Eindeutigkeit der Trennung das Akzeptieren von späteren Partnern oder Partnerinnen leichter. Betrifft eine neue Partnerschaft von Mutter oder Vater das Leben der Kinder, ist es auch hier wichtig, dass die Kinder über die veränderte Situation informiert werden. Das gilt natürlich vor allem dann, wenn der neue Partner oder die neue Partnerin mit im Familienverbund leben wird. Die Kinder brauchen Klarheit über die Rollen und Funktionen, die die ‚Neuen' haben werden. Die neuen Partner sind nicht Vater oder Mutter für die Kinder. Sie können aber zu wichtigen elterlichen Bezugspersonen werden. Hier ist es notwendig, dass sie nicht mit Vater oder Mutter konkurrieren und diese z.B. schlecht machen mit Formulierungen wie: „Die kümmert sich nicht richtig um dich", „Ich hab dich viel lieber als dein Papa" oder „Was die mit dir machen, ist nicht gut für dich".

Eltern können in der Trennungssituation oft nicht ganz so für ihre Kinder dasein, wie sie es gewohnt sind oder wie es in dieser schwierigen Situation wichtig wäre. Dann brauchen die Kinder andere Personen, an die sie sich wenden können, um Unterstützung zu bekommen. Dafür kommen die Großeltern in Frage (wenn sie nicht voreingenommen sind) oder Freunde der Eltern, die die Kinder gut kennen.

Auch in der heutigen Zeit trifft Kinder der Tod eines Elternteils, auch wenn das wesentlich seltener ist als Trennung und Scheidung. Je nachdem, ob es sich um einen Unfall oder eine langwierige Krankheit handelt, ist eine Familie überrascht oder kann sich auf das Sterben vorbereiten. Erwachsene versuchen immer wieder, den Tod oder auch die Schwere einer Erkrankung vor Kindern geheim zu halten, um die Kinder zu schonen. Nur ist auch dadurch nicht zu vermeiden, dass sie sich mit der Situation auseinandersetzen müssen.

Die Vorstellung, die Kinder vom Tod haben, ist je nach Alter unterschiedlich. Kinder wissen sehr früh, dass er eine Endgültigkeit hat. Für Kinder ist es wichtig, sich innerlich und äußerlich von dem Elternteil verabschieden zu dürfen, sie brauchen Raum für ihre Trauer und ihre Wut. Sie brauchen jemand, der für sie da ist und sie tröstet. Wie bei einer Scheidung kann das oft nicht Mutter oder Vater sein. Dann ist es wichtig, dass sich jemand

Vertrautes um das Kind kümmert. Immer wieder wird die Frage gestellt, ob eine Beerdigung für Kinder nicht zu schwer auszuhalten sei. Ich denke, es ist wichtig, dies mit den Kindern zu besprechen und ihnen die Möglichkeit zu geben mitzugehen, um in dem Ritual der Beerdigung Abschied zu nehmen. Wenn Kinder dies nicht wollen, sollte dies auch respektiert werden.

Was Eltern tun können

Suchen Sie klare Lösungen für Ihre Kinder, auch wenn es Ihnen schwer fällt. Auch Eltern haben Gefühle, und Kinder dürfen diese ‚offiziell' mitbekommen. Den Kindern hilft es, wenn eine Lösung gefunden wird, die von allen Beteiligten mitgetragen wird, die möglichst konstant ist und dadurch wieder zu einer Normalität führt.

Beziehungen außerhalb der Familie (z. B. Tagesmütter, Erzieherinnen, Freunde)

Wie schon beschrieben, bedeuten für Kinder die Eltern die Welt; sie sind damit in der ersten Zeit bestimmend in allen Bereichen. Kinder, die schon im Säuglingsalter mit Tagesmüttern aufwachsen, haben mehrere, hoffentlich konstante Bezugspersonen, die in ihrem Leben wichtig sind. Bei der Auswahl einer Tagesmutter spielen die zeitliche Verfügbarkeit und die Erziehungshaltung eine große Rolle. Denn daraus resultiert beispielsweise, wie sie zwischen sich und dem Kind Kontakt herstellt, in welcher Weise sie sich emotional auf das Kind einlässt, was in der Beschäftigung mit dem Kind ihre Vorlieben sind oder wie die Sauberkeitserziehung abläuft.

Man sollte also jedenfalls mit der Tagesmutter auch darüber sprechen, welche Erziehungshaltung sie hat, um zu große Unterschiede zu vermeiden, die Spannungen für das Kind zur Folge hätten.

Wichtig sind klare Absprachen über inhaltliche Fragen und auch über die Zeiten und den Ort der Versorgung. Auch die Bezahlung spielt eine Rolle: Wenn sich jemand unterbezahlt vorkommt, treten eher Schwierigkeiten auf, die zu mangelndem Engagement oder zur Beendigung der Tätigkeit führen können.

Den Umgang von Tagesmutter und Kind miteinander zu beobachten kann helfen, sich davon ein Bild darüber zu machen, ob die Tagesmutter in den Familienstil passt. Überprüfen Sie auch, ob Sie genug Vertrauen zu dieser Tagesmutter haben, um Ihr Kind ihr anzuvertrauen.

Sorgfalt bei der Auswahl einer Tagesmutter ist vor allem für ein Baby wichtig, da die Bezugspersonen um so seltener wechseln sollten, je jünger das Kind ist. Kleine Kinder verkraften durch ihre Abhängigkeit von den Erwachsenen häufige Wechsel schwerer als ältere Kinder.

Wie im ersten Kapitel beschrieben, brauchen Kinder einen wiederkehrenden Rhythmus in der Tages- und Wochenstruktur, und dies sollte bei der Planung einer Unterbringung bei einer Tagesmutter auch berücksichtigt werden. Feste Tage bei der Tagesmutter sind für Kinder leichter zu verkraften als wechselnde Tage. Das kann z. B. bedeuten, dass eine Mutter im Interesse des Kindes lieber einen freien Vormittag, an dem sie aus irgendeinem Grund nicht arbeiten muss, genießt, als diesen mit dem Kind zu verbringen. Das Kind behält dadurch seinem gewohnten Rhythmus.

Wenn Kinder in die Schule kommen, brauchen sie meistens keine Tagesmütter mehr. Im Interesse der Kinder ist es wichtig, den Abschied von der Tagesmutter vorzubereiten und längerfristig zu gestalten, denn dann können die Kinder ihn gut verkraften. Die Beziehung zur Tagesmutter muss auch dann, wenn sie als solche nicht mehr gebraucht wird, ernst genommen werden. Denn für die Kinder ist sie wichtiger als für die Erwachsenen, da die Beziehung zu ihr für das Kind zu den besonders bedeutsamen gehört. Häufig wünschen sich die Kinder dann später ab und zu einen Besuch bei der früheren Tagesmutter, und solche Besuche sollten auch ermöglicht werden.

Heute besuchen fast alle Kinder den Kindergarten oder ähnliche Einrichtungen. Der Besuch des Kindergartens hat für die Kinder Bedeutung in verschiedenen Bereichen:

- Trennung von den bisher gewohnten Bezugspersonen für mehrere Stunden
- neue Bezugspersonen (die Erzieherinnen)
- Kontakt und Beziehung zu Gleichaltrigen
- viele neue Abläufe.

Im Kindergarten erweitern die Kinder ihren Lebensraum und machen viele neue Erfahrungen. Darauf sollten sie gut vorbereitet werden. Erzieherinnen machen das Angebot des ‚Eingewöhnens'. Außerdem ist es für Kinder oft schön, zusammen mit Kindern, die sie schon kennen, in den Kindergarten zu gehen, dies erleichtert das Eingewöhnen. Der Besuch des Kindergartens ist für die Kinder am Anfang sehr anstrengend. Das zeigt sich daran, dass manche wieder einen Mittagsschlaf brauchen oder häufiger erkältet sind: Sie haben mehr Gelegenheit, sich anzustecken und sind durch die Belastung in ihrer Immunabwehr geschwächt.

Auch wenn die Einschulung im Kindergarten vorbereitet wird, ist sie für die Kinder mit neuen Anforderungen verbunden: Hier findet keine langsame Eingewöhnung mehr statt wie am Anfang im Kindergarten, sondern hier wird von den Kindern erwartet, dass sie so stabil sind, dass sie vom ersten Schultag an dem ‚Programm' folgen können. Häufig wird die Unterrichtszeit allerdings erst allmählich, Woche für Woche, gesteigert. Die Lehrkräfte der ersten Grundschulzeit gehören auch zu den bedeutsamen Bezugspersonen für Kinder. (Sie werden sich selbst sicher noch an die ersten Lehrer oder Lehrerinnen erinnern.) Kinder lernen in diesem Alter einerseits aus gesunder Neugier und andererseits aus einer positiven Beziehung zu der Lehrkraft heraus. Ist diese Beziehung aus irgendeinem Grund gestört, sind die Kinder oft nur unter großen Mühen vonseiten der Mutter bereit, z. B. ihre Hausaufgaben zu machen. Es ist Aufgabe der Eltern, ihnen zu helfen, dieses Problem zu lösen. Die Einstellung und die Gefühle, die die Eltern gegenüber der Schule haben, beeinflussen deutlich die Einstellung der Kinder und die Stimmung, mit der diese die Schule besuchen. Überzeugungen wie ‚Mit der Schule fängt der Ernst des Lebens an', ‚Lehrer sind ungerecht, da können wir als Eltern nichts ausrichten, denn unsere Kinder sind von ihnen abhängig', ‚Ich sage zum Lehrer lieber nichts Unangenehmes, das muss mein Kind nur ausbaden' oder ‚Die Schulzeit ist eine schlimme Zeit' machen Kindern den Einstig in die Schule schwer. Mit dieser Art von Vorurteilen machen es Eltern sich schwer, für ihre Kinder angemessen parteilich zu sein und ihnen damit Rückendeckung zu geben. Zusätzlich vermitteln sie den Kindern ein Bild von Schule, das einseitig und verzerrt ist und das Negative überbewertet. Viele Eltern wundern sich dann, dass ihre Kinder eine negative Einstellung zur Schule haben, obwohl sie selbst dazu beitragen. Daher lohnt es sich, sich die eigene Sicht bewusst zu machen und damit den Kindern zu helfen, die Schule positiv zu erleben.

In der Kindergarten- und Grundschulzeit haben die Kinder erste selbstgewählte Kontakte zu Gleichaltrigen. Sie brauchen die Möglichkeit, die Kontakte zu diesen Freunden und Freundinnen zu leben. Das bedeutet, dass sie sie z. B. nach Hause einladen, mit ihnen auf den Spielplatz gehen oder (je nach Alter) auch bei ihnen übernachten dürfen. Viele der intensiven Freundschaften gehen über Jahre; hier besteht ein ganz anderer Kontakt als zu den Erwachsenen, die Beziehung ist von Gleichrangigkeit, nicht von Abhängigkeit bestimmt, die Interessen liegen im gleichen Bereich, die Beziehung ist von Sympathie und nicht von Verpflichtung bestimmt. Diese Kontakte wirken sich allerdings nicht immer nur positiv aus. Hier ein Beispiel von einem 11-jährigen Mädchen:

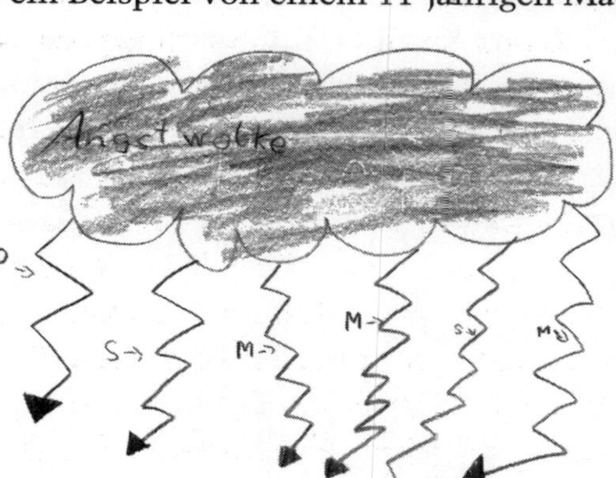

Dieses Mädchen hatte bei vielen Arbeiten in der Schule immer wieder Angstzustände und war wegen der Angst kaum in der Lage, ihre Arbeit zu Ende zu bringen. Sie machte Flüchtigkeitsfehler und konnte das, was sie zu Hause gelernt hatte, nicht zu Papier bringen. In einem Gespräch erzählte sie, dass sie sich mit den anderen vergleichen würde und glaubte, dass die anderen alles könnten. Ich schlug ihr vor, doch dazu einmal ein Bild zu malen. Sie nannte dieses Bild ‚Angstwolke'. An den Blitzen, die aus der Wolke kommen, stehen Namen von Mitschülerinnen (hier geschwärzt, damit sie nicht erkennbar sind). Als es einen Wechsel in der Klassenzusammensetzung gegeben hatte und als sie gemerkt hatte, dass sie glaubte, die anderen könnten alles besser, hatte sie viel weniger Angst und erzielte bessere Leistungen.

Aber auch ganz allgemein kann man sagen: Die Gestaltung der Beziehungen zu Freunden und Freundinnen steht im Zusammenhang mit der familiären Situation.

Was Eltern tun können

Genießen Sie es, wenn Ihre Kinder selbstsicher sind. Sehen Sie ihre Kinder als individuelle Menschen und schenken Sie ihnen auch einzeln Zeit. Damit können Sie die Konkurrenz unter den Kindern vermindern.

Leben mit Kindern

Gudrun Hennig
Kindern Geborgenheit geben
Was Eltern tun können
Band 5108
Die Kinderärztin und Therapeutin zeigt, wie Eltern die richtige Mitte zwischen Behüten und Fordern finden und ein gutes Umfeld schaffen.

Jacqueline Sonego-Mettner
Jedes Kind hat einen Engel
Ein Inspirationsbuch für Eltern
Band 5116
Gut zu wissen, daß es Schutzengel für so moderne Gefahren wie Hektik, Konsum oder das schlechte Gewissen gibt.

Regine Schindler
Himmel und Erde
Ein Elternbuch zur religiösen Erziehung
Band 5040
Praktische Anregungen zum Beten, Erzählen und Feiern kirchlicher Feste.

Maria Pfluger-Jakob
So entwickelt sich mein Kind
Vom Kleinkind bis zum Schulanfang
Band 5145
Welche Eigenheiten und Bedürfnisse zu welchem Alter gehören, wie ein Baby sich ausdrückt und was ein Kleinkind schon alles kann.

Patricia H. Berne/Louis M.Savary
Kinder brauchen Selbstvertrauen
Tipps und Ratschläge für Eltern
Band 5138
Wie man Kinder oft mit „Kleinigkeiten“ unterstützen kann.

Claudia Wulff
Mit Kindern die Geheimnisse der Nacht erkunden
Band 5130
Die Autorin verbindet das Wissen um natürliche Zusammenhänge mit der Achtung vor der Schöpfung. Geschichten und einfache Aktionen für Eltern und Kinder ab 5.

Susanne Stöcklin-Meier
Kinder brauchen Geheimnisse
Über Zwerge, Engel und andere unsichtbare Freunde
Band 4948
Geschichten, Spielanregungen und Informationen, um Kindern Geborgenheit zu vermitteln.

Uta Reimann-Höhn/Elisa Diekemper
Rituale geben Sicherheit
Wie Kinder Vertrauen gewinnen
Band 4939
Wie Trennungsängste, Krankheit, Schulangst, Bewegungsunlust, Hyperaktivität, Essprobleme oder Einschlafschwierigkeiten mit Ritualen bewältigt werden können.

Gertrud Kaufmann-Huber
Kinder brauchen Rituale
Ein Leitfaden
Band 4936
Rituale sind wichtig für die kindliche Entwicklung, aber die richtigen müssen es sein. Sie geben Sicherheit, Gemeinschaft und Geborgenheit.

Monika Niederle
Kinderängste verstehen
Eltern geben Mut und Sicherheit
Band 4821
Trennungsängste, Verlassenheitsängste, Versagensängste: Eine konsequente Erziehung ist der beste Schutz davor. Für alle Eltern, die ihren Kindern Mut machen wollen.

Xenia Frenkel
Einfach & glücklich
Leben mit Kindern
Band 4828

Der Ratgeber für Eltern, deren Alltag mit Kindern oft kompliziert scheint. Er zeigt: Einfacher leben heißt: mehr vom Leben haben.

Werner Haas
Eltern, setzt euch durch!
Keine unnötigen Machtkämpfe mehr
Band 5119

Wie gewinnen Eltern positive Autorität und Kinder innere Klarheit? Ein praktischer Ratgeber, der Eltern zeigt, wie sie sich durchsetzen, ohne auszuflippen.

Christine Buchner
„Ich will einfach wichtig sein"
Was Kinder mit ihrem Verhalten sagen wollen
Band 4927

Wenn Kinder mit irgend etwas Schwierigkeiten haben, brauchen sie Zuwendung und Beachtung. So können Eltern ihre Kinder unterstützen.

Klaus Hurrelman/Gerlinde Unverzagt
Kinder stark machen für das Leben
Herzenswärme, Freiräume, klare Regeln
Band 4937

Wärme – Regeln – Freiraum – das „magische Dreieck", das Eltern hilft, innere Stärke und Selbständigkeit an ihre Kinder weiterzugeben.

Mark L. Brenner
Positiv erziehen
Konsequent bleiben, ohne autoritär zu sein
Band 4783

Wenn sie sich in ihrem Anliegen verstanden wissen und Alternativen sehen, können Kinder durchaus damit klarkommen, dass sie etwas nicht bekommen oder nicht dürfen. Brenner zeigt, wie das gelingt.

Sandra Burt/Linda Perlis
Mein Kind hat Talent
Begabungen entdecken und fördern
Band 4958

Jedes Kind ist einmalig und hat Stärken. Wie Eltern musische, sportliche und handwerkliche Begabungen entdecken und fördern können.

Renate Zimmer
Was Kinder stark macht
Fähigkeiten entwickeln – Entwicklung fördern
Band 4976

Die Autorin zeigt, wie sich aus alltäglichen Aktivitäten mit Kindern im Vorschulalter Sinnes- und Bewegungsspiele machen lassen, die Kindern Spaß machen und weiterhelfen.

Rudolf Dreikurs/Loren Grey
Kinder lernen aus den Folgen
Wie man sich Schimpfen und Strafen sparen kann
Band 4884

Ein Erziehungsstil, der Kindern frühzeitig dazu verhilft, eigenständige Erfahrungen zu sammeln und mit Freiheit richtig umzugehen.

Gisela Lück
Leichte Experimente für Eltern und Kinder
Band 4811

G. Lück zeigt, wie Eltern und Kinder vom Staunen zum Begreifen der Umwelt finden: problemlos, ganz ungefährlich und mit viel Spaß!

Ursula Meier-Hirschi
Das Gutenachtbuch
So schlafen Kinder gut
Band 4966

Nur mal eine Nacht durchschlafen! Präzise Informationen, viele konkrete Anregungen und Praxiserprobte Mittel für einen guten Schlaf.